Das Akzept.

Die Annahme des Wechsels und der Anweisung.

Von

Dr. Herbert Meyer,

ord. Professor der Rechte an der Universität Göttingen.

Berlin 1918.

J. Guttentag, Verlagsbuchhandlung,

G. m. b. H.

Meiner Frau.

Angesichts der hervorragenden Stellung, die das Akzept in unserm Wirtschaftsleben einnimmt, wird dem juristischen Laien die Tatsache schwer verständlich sein, daß über das rechtliche Wesen dieses Institutes in Theorie und Praxis noch keineswegs Klarheit herrscht. Nicht nur streitet man über Grundfragen wie seine Vertragsnatur, die Personen der Beteiligten, oder darüber, ob zum Zustandekommen der Verpflichtung außer der Schrift auch eine Begebung der Urkunde erforderlich sei. Man hat vielmehr geradezu auf eine einheitliche Auffassung vielfach ganz verzichtet. So unentbehrlich für die Praxis eine klare Vorstellung darüber ist, ob das Akzept ein einseitiger Akt oder ein Vertrag ist, so z. B. bei den Fragen der Vertretung, der Genehmigung oder des Geschäftsabschlusses mit sich selbst, so wenig es einleuchten kann, daß diese Fragen je nach den Umständen verschieden oder auch nur bei den verschiedenen Wechselakten verschieden beantwortet werden müßten, hat unser Reichsgericht doch für das Akzept nach langem Schwanken die sonst im Wechselrecht vertretene Vertragstheorie zugunsten der Theorie des einseitigen Aktes aufgegeben, aber auch diese wieder für das Blankoakzept zugunsten der Begebungstheorie durchbrochen. Es ist nicht zuviel gesagt, wenn man behauptet, daß unsere Gerichte zumeist nicht einmal dazu gelangt sind, aus der scheinbar sprunghaft wechselnden Rechtsprechung des höchsten Gerichtshofes dessen wirklichen Standpunkt zu entnehmen; davon, daß sich in Anlehnung an diesen ein fester Gerichtsgebrauch gebildet hätte, kann keine Rede sein.

Und doch waren es gute Gründe, die das Reichsgericht veranlaßt haben, keiner der herrschenden Theorien ganz zu folgen, sich vielmehr wahlweise jeweils der anzuschließen, die praktisch am meisten befriedigte. Denn keine von ihnen vermochte alle Schwierigkeiten zu lösen. Mag man bei den andern Wertpapierakten mit einer von ihnen wohl oder übel auskommen, beim Akzept versagen sie alle. Wenn das in unserer wissenschaftlichen Literatur nicht klarer hervortritt, so kommt das einfach daher, daß bisher nie der Versuch gemacht worden ist, sie für das Institut des Akzeptes wirklich bis zu Ende zu denken. Bisher ist diesem eine monographische Darstellung nicht gewidmet worden. Wenn im folgenden der Versuch gemacht wird, auf der mittleren Linie eine allseitig befriedigende Lösung zu finden, so geschieht das nicht im Sinne einer bloßen Kompromißtheorie, sondern unter Verwendung des in neuester Zeit mehr und mehr zur Anerkennung gelangenden Rechtsscheingedankens, der der alten Vertragstheorie nur einverleibt zu werden braucht, um diese durchweg brauchbar zu machen. Das ist freilich für das Wertpapierrecht im allgemeinen schon von anderer Seite geschehen. Aber dabei stand einmal die Annahme des Wechsels und der Anweisung nicht im Vordergrund. Und anderseits ist gerade das Verständnis des Akzepts dadurch erschwert worden, daß man allgemein von dem Vorurteil ausgeht, daß ein Wertpapiervertrag grundsätzlich der Form der Begebung bedürfe, während in Wahrheit die Begebung weiter nichts ist als der dingliche Vertrag des Wertpapierrechts, der nur insoweit von Bedeutung ist, als es sich darum handelt, dem Gläubiger Besitz und Eigentum am Papier zu verschaffen.

Der Nachweis, daß der Akzeptvertrag nichts ist als ein in Skripturform geschlossener Vertrag zwischen dem Aussteller und dem Bezogenen, ein reiner Literalvertrag, führte historisch zu der Entdeckung eines Zusammenhangs mit dem altrömischen Literalvertrage, dogmatisch zur Ablehnung der herrschenden Begebungstheorie auch für das sonstige Recht der Wertpapiere. Die Auffassung, daß die Begebung Form auch des schuldrechtlichen Vertrages sei, trifft für das altgermanische Recht ganz gewiß zu. Der modernen Anschauung entspricht sie nicht mehr. Wesentlich ist nur, daß der Gläubiger das Papier zu eigen hat. Ist das, wie regelmäßig beim Akzept, aber auch sonst häufig im Wertpapierrecht, bereits der Fall, dann bedarf es nicht mehr eines sinnbildlichen Begebungsaktes.

Besonders fruchtbar erwies sich ferner die sich aus der geschilderten Auffassung ergebende Konstruktion des Akzeptvertrages als eines Vertrages zugunsten Dritter. Die Verwendung dieses Rechtsgedankens in Zusammenhang mit dem Rechtsscheinprinzip fördert auch die Aufhellung anderer Streitfragen, wie z. B. die der Wechseleinreden.

Die Übertragung der für das Wechselakzept gewonnenen Ergebnisse auf die Anweisung endlich dürfte geeignet sein, über den Grundcharakter auch dieses umstrittenen Rechtsinstituts größere Klarheit zu schaffen und mancherlei praktische Schwierigkeiten zu beseitigen.

Breslau, im März 1918.

Herbert Meyer.

Inhaltsübersicht.

I. Einleitung.

Auf der mittleren Linie pflegt die Wahrheit zu liegen. Die Erfahrung lehrt, daß wissenschaftliche Theorien zur Zeit ihrer Aufstellung regelmäßig allzu schroff und einseitig durchgeführt werden. Die Abwehrstellung gegenüber der Gegenmeinung pflegt die Neigung zu allzu scharf zugespitzter Fassung der eigenen Ansicht zu erhöhen. Unvermittelt und scheinbar ohne Vermittlungsmöglichkeit stehen sich die Theorien gegenüber. Eins der bezeichnendsten, vielleicht das treffendste Beispiel dieser Art ist der über ein halbes Jahrhundert mit großer Erbitterung von zahlreichen hervorragenden Vertretern auf beiden Seiten fortgeführte Streit über den Rechtsgrund zur Entstehung der Wertpapierobligation. Welcher Gegensatz hätte schärfer sein können als der zwischen Kreations- und Vertragstheorie? Und heute? — Der Verfasser des neuesten Lehrbuchs des Handelsrechts, Karl Lehmann,[1] bezeichnet, nach einem eingehenden Referat über die Entwicklungsgeschichte der Theorien, die Differenzen zwischen ihnen als heute nicht erheblich, da sie durch die im Laufe der Zeit gemachten Konzessionen immer unbedeutender geworden seien.[2] Ernst Jacobi will zwar diesen Standpunkt auch in seiner neuesten Darstellung des Rechts der Wertpapiere in Ehrenbergs Handbuch des gesamten Handelsrechts[3] nicht gelten lassen. Dennoch aber bestätigt auch seine Darstellung nach meiner Meinung die Ansicht Lehmanns, wenn auch beide Autoren nicht in jeder Richtung auf dem gleichen Standpunkt stehen.

---

[1]) 2. Aufl. (1912) 610.

[2]) Vgl. auch schon Grünhut, Zeitschrift f. d. Priv.- u. öffentl. Recht d. Gegenwart 19 (1892) 292, und K. Adler, ebd. 26 (1899) 35, sowie neuerdings A. Langen, Der Schutz des Wechselverkehrs, Festschrift für Ernst Zitelmann (1913) 36 ff.

[3]) IV 1 (1917) 125 ff.

So sehr ich mit Jacobi übereinstimme, der ja zu den Vorkämpfern der Rechtsscheintheorie gehört, so glaube ich doch, daß auch er immer noch zu sehr in den Banden jener älteren Auffassung liegt, die wir als Begebungstheorie zu bezeichnen pflegen. Die grundlegenden, heute freilich auch wieder angefochtenen[4]) historischen und dogmatischen Forschungen Brunners[5]) hatten erhärtet, daß die besondere Wirkung der Wertpapiere auf einen Begebungsvertrag zurückzuführen sei. Und so ist durch ihn jene Form der Begebungstheorie herrschend geworden, die vorher schon durch Thöl[6]) vertreten wurde und die wir als Vertragstheorie zu bezeichnen pflegen. Darüber ist die ältere Form der Vertragstheorie in Vergessenheit geraten, die keineswegs verkannte, daß die Begebung zwar die regelmäßige Form des Vertragsschlusses sei, aber doch nicht die unbedingt wesentliche Art des Abschlusses. Denn es gibt Fälle im modernen Recht — und zu ihnen gehört in erster Linie das Akzept —, in denen ein Vertragsschluß unverkennbar ist, wo von einer Begebung aber nicht wohl die Rede sein kann. Wenigstens kann eine solche nur mit mehr oder weniger großer Mühe hineingedeutet werden. So ist gerade das Akzept, obwohl es meines Erachtens als besonderer Stützpunkt für die Vertragstheorie im allgemeinen Sinne verwendet werden könnte, von den Anhängern der Kreationstheorie für sich ausgebeutet worden,[7]) wozu diese in der Lage waren, weil ihre Gegner Begebungs- und Vertragstheorie miteinander zu identifizieren pflegten.

---

[4]) Besonders C. Freundt, Wertpapiere im antiken und frühmittelalterlichen Recht, 2 Bde. (1910), J. Partsch, Zeitschrift für das ges. Handels- u. Konkursrecht 70 (1912) 437 ff. und die dort Genannten.

[5]) Forschungen (1894) 594 f., 607 f., W. Endemanns Handbuch des deutschen Handels-, See- u. Wechselrechts II (1882) 164 ff.

[6]) Das Handelsrecht I, 6. Aufl. (1879) 671 § 224, 4; II, 4. Aufl. (1878) 215.

[7]) Vor allem wurde seit A. Grawein, Die Perfection des Acceptes (1876) 118 ff., mehr und mehr, besonders in der Praxis, die Ansicht herrschend, daß das Akzept ein einseitiger Akt, die übrigen Wechselakte dagegen Verträge seien. Auch das Reichsgericht vertritt diesen Standpunkt, der theoretisch vor allem von H. O. Lehmann, Lehrbuch des Deutschen Wechselrechts (1886) 228 ff., 241 ff., begründet wurde.

In Wahrheit also benannten sich die beiden feindlichen Lager Begebungstheorie und Kreationstheorie. So aufgefaßt, liegen wirklich unvereinbare und unversöhnliche Gegensätze vor. Es ist ein rein tatsächlicher Unterschied, ob ein Wertpapier und die dahinter stehende Obligation zustande kommt einfach schon durch die einseitige Herstellung des Papiers seitens des Ausstellers, oder ob noch ein Begebungsakt seinerseits hinzukommen muß, durch den das Papier in die Hände eines anderen gelangt. Darüber nun, daß weder die reine Begebungs- noch die reine Schuldschöpfungstheorie zu einem befriedigenden Ergebnis führt, dürfte heute wohl Einverständnis herrschen. Daß ein Inhaberpapier wirksam werden kann, auch ohne daß es von dem Aussteller freiwillig aus der Hand gegeben wurde, dürfte heute, auch abgesehen von den positiven Normen unseres Bürgerlichen Gesetzbuches, von niemandem mehr bezweifelt werden.[8]) Der alte, noch von Goldschmidt[9]) und Stobbe[10]) vertretene Standpunkt ist wohl endgültig aufgegeben worden. Aber auch die Meinung Heinrich Siegels, der am schärfsten die reine Kreationstheorie vertreten hat, kann seit langem nicht mehr auf neue Anhänger rechnen. Ist wirklich die Ausstellung, und sie allein, der Schuldschöpfungsakt, dann muß auch das im Wertpapier verbriefte Recht schon mit diesem Akt entstanden sein. Zwar wird man zugeben müssen, daß dieses Recht so lange nicht wirksam werden könne, als sich das Papier in der Hand des Ausstellers selbst befindet. Aber sobald es in die Hand eines andern kommt, für dessen Gläubigereigenschaft das Papier als Ausweis dienen kann, muß es wirksam werden. So kommt man um das Ergebnis nicht herum, daß auch der Dieb, auch der Hehler des Papiers als Gläubiger aus dem

---

[8]) Wohl aber neuerdings wieder für den Wechsel von M. Hacmann, Beiträge zum Wechselrecht (1913) 355, 360.

[9]) Zeitschr. f. d. Gesammte Handelsr. 23 (1878) 306, 28 (1882) 100 ff., 106 ff. (auch L. Goldschmidt, Vermischte Schriften II 1901 108 ff., 114 ff.), 36 (1889) 125, 128 f., 137 ff., 596 f. (Verm. Schriften II 140, 143 f., 151 ff.).

[10]) Handbuch d. Deutschen Privatrechts III, 2. Aufl. (1885) 108 f. Anm. 21; ebenso Stobbe-Lehmann, 3. Aufl. (1898) 184 f. Anm. 34. Vgl. auch die dort Angeführten.

Inhaberpapier zu betrachten ist.[11]) Schon von Siegel[12]) selbst wurde dieses Ergebnis „als eine leidige, aber unvermeidliche Konsequenz mit in Kauf genommen".[13])

Und wirklich: es ist nicht folgerichtig gedacht, wenn die heutigen Anhänger der Kreationstheorie einhellig der Meinung sind, daß in solchen Fällen nur der gutgläubige Erwerber das Gläubigerrecht erlangen könne.[14]) Denn wenn es erst der gute Glaube ist, der das Recht zur Entstehung bringt, weshalb dann das Festhalten an der Auffassung, daß schon die Herstellung des Papiers der schuldschöpferische Akt sei?[15]) Wohl ist die Herstellung der Urkunde eine naturnotwendige tatsächliche Voraussetzung der Entstehung des Rechts. Dessen eigentlicher Grund kann sie nicht sein.

Von diesem Gesichtspunkt aus ist durchaus der schon von Thöl, dann von Grünhut[16]) als sogenannte Redlichkeitstheorie vertretenen Ansicht zuzustimmen, „daß derjenige der wahre Gläubiger ist, welcher zuletzt in gutem Glauben das

---

[11]) Der Entwurf I des Bürgerlichen Gesetzbuches, der die reine Kreationstheorie vertrat, bestimmte daher in § 687, daß der Aussteller dem Inhaber nicht deshalb die Leistung verweigern dürfe, „weil dieser die Schuldverschreibung in unredlicher Weise erworben" habe. Dagegen Goldschmidt, Zeitschr. f. d. ges. Handelsrecht 36 (1889) 124 ff., 135 ff. (Verm. Schriften II 137 ff., 149 ff.), Gierke, Der Entwurf eines bürgerlichen Gesetzbuchs u. das deutsche Recht (1889) 229 ff., vgl. auch Deutsches Privatrecht II (1905) 112 Anm. 36, sowie Jacobi 295.

[12]) Das Versprechen als Verpflichtungsgrund (1873) 114.

[13]) Anderseits hat schon das Reichsoberhandelsgericht, Entscheid. 25 (1880) 66 f., jedem Wechselbeteiligten der in bianco indossierten Tratte gegen den Finder eine exceptio doli gegeben. Da der dolus darin liegen soll, daß der Inhaber von dem Wechsel rechtswidrig durch Klagerhebung Gebrauch mache, so verneint das Gericht in Wahrheit das Recht des legitimierten Inhabers.

[14]) Der Begründer der Kreationstheorie Kuntze, Endemanns Handb. IV 2 (1884) 58, half sich dadurch aus der Schwierigkeit, daß er zwar „auch den unredlichen Besitzer, selbst den Dieb, in logischer Konsequenz des Prinzips berechtigt werden" ließ, „aber die höhere Gerechtigkeit dadurch wahrte", daß er „dem Aussteller eine exceptio und actio doli gegenüber dem unredlichen Besitzer gewährte". Vgl. dagegen L. Brütt, Die abstrakte Forderung (1908) 217.

[15]) Vgl. hierzu noch Jacobi 295 f.

[16]) Wechselrecht I (1897) 290.

Papier mit dem Gläubigerwillen erworben hat".[17]) Freilich, auch diese Meinung hat einen Fehler, wenn man will, allerdings nur einen Schönheitsfehler.[18]) Thöl selbst schon hat ihn erkannt:[19]) „der Glaube des Erwerbers in betreff des Rechtes des Veräußerers wird nur für den Fall bedeutend, daß dieser weder der wahre Gläubiger noch auch vom wahren Gläubiger ausreichend ermächtigt war." Die Erklärung Thöls geht nicht vom Regelfall, sondern von der Ausnahme aus.[20]) Aber nicht nur hierin liegt der Schönheitsfehler, sondern besonders auch darin, daß Thöl aus-

---

[17]) Thöl I 684 § 226, 3. Er geht dabei vom abgeleiteten Erwerb des begebenen Papiers aus, stellt aber (671 § 224, 4) den Erwerb eines nicht begebenen, dem Aussteller abhanden gekommenen Inhaberpapiers ausdrücklich auf die gleiche Linie.

[18]) Ein wirklicher Fehler liegt allerdings insofern vor, als weder bei Thöl noch bei Grünhut zum Ausdruck kommt, daß es sich dann, wenn der gute Glaube wirksam wird, um einen in die äußere Form der Rechtsübertragung gehüllten Erwerb handeln muß. Mit Recht hat Brütt 218 geltend gemacht, daß der redliche Finder eines in bianco girierten Wechsels, der ihn für sein Eigentum hält, nicht Gläubiger wird. Vgl. auch schon K. Adler a. a. O. 36 f. und A. Langen, Die Kreationstheorie im heutigen Reichsrechte (1906) 61.

[19]) I 685 § 227.

[20]) So schon K. Adler 41. Grünhut sucht sich übrigens dadurch zu helfen, daß er für jene Fälle, in denen der Wechsel trotz des Fehlens des rechtsgeschäftlichen Verpflichtungswillens des Ausstellers in der Person des gutgläubigen Erwerbers wirksam wird, mit der bloßen Fiktion eines Rechtsgeschäfts operiert. Er erkennt, daß nur in den normal gelagerten Fällen ein Rechtsgeschäft vorliegt (I 327); in jenen müsse der Aussteller die bloße Form gegen sich gelten lassen: „Der Abschluß des Rechtsgeschäfts wird fingiert, das Papier gilt als Wechsel, die Form trägt über die Sache den Sieg davon." Denn (ebd. Anm. 4) das Vertrauen des Erwerbers müsse geschützt werden. „Derjenige, von dem die Form ausgegangen ist, muß die Rechtsfolgen der Form tragen, obwohl er nur den Schein eines Wechsels ins Leben rufen wollte; er kannte den Inhalt des Papiers, als er es unterzeichnete, er hat ihm den Anschein der Gültigkeit gegeben, er mußte die gefahrbringenden Eigenschaften der Form kennen . . ." Es ist klar, daß das, was Grünhut Fiktion nennt, besser Rechtsschein heißen sollte, da es sich um Wirkungen des Vertrauens auf die bloße äußere Form der Erklärung handelt. Somit ist im Grunde die Kreationstheorie durch die Rechtsscheintheorie verdrängt. Denn für die normalen Fälle braucht man die Theorie des einseitigen Aktes nicht; für sie reicht die Vertragstheorie aus.

nahmsweise bei den Wertpapieren das Erfordernis des guten Glaubens mit unter die allgemeinen Voraussetzungen eines gültigen Rechtserwerbes rechnet, während er es sonst, wie wir das auch nach dem heute geltenden bürgerlichen Recht zu tun pflegen, nur als Heilmittel eines mangelhaften Rechtserwerbes betrachtet.[21]) Folgerichtigerweise hätte Thöl den auch schon zu seiner Zeit im Handelsrecht geltenden Grundsatz „Hand muß Hand wahren" mit hereinnehmen müssen in seine Definition des abgeleiteten Erwerbs dinglicher Rechte an beweglichen Sachen. Wenn Thöl zu dem abgeleiteten Erwerb von Inhaberpapieren den Satz aufstellt, nicht eine Eigentumsübertragung sei erforderlich, sondern eine bloße Besitzübertragung in gutem Glauben mit dem Willen das Gläubigerrecht zu erwerben, so hätte er entsprechend auch zu dem Satze gelangen müssen, der abgeleitete Erwerb einer beweglichen Sache erfordere keine Übertragung des Eigentums, sondern eine bloße Besitzübertragung mit einseitigem Erwerbswillen und gutem Glauben auf seiten des Erwerbers. Das wäre unrichtig;

[21]) I 802 ff. § 251. Seine Inkonsequenz erklärt sich daraus, daß er den Zusammenhang zwischen dem Recht am Papier und dem Recht aus dem Papier bei den Inhaberschuldverschreibungen leugnete (665 ff. § 223, 678 ff. § 226 und dort Anm. 3); denn schon der erste Eigentümer, nämlich der Aussteller, sei Schuldner und nicht Gläubiger. Im übrigen war er sich wohl bewußt, daß der Erwerb des Gläubigerrechts sowohl abgeleiteter wie ursprünglicher Erwerb sein könne (684 § 226 Anm. 14). Er hat es aber verschmäht, diesen Gegensatz, der mit dem des Erwerbs vom Berechtigten und vom Scheinberechtigten zusammenfällt, wirklich herauszuarbeiten. — In den entgegengesetzten Fehler ist neuerdings Carl Wieland, Der Wechsel und seine civilrechtlichen Grundlagen (1901) 99 ff., verfallen. Er glaubt den Standpunkt der Kreationstheorie zu vertreten, läßt diesen aber nur für das Verhältnis zum gutgläubigen Dritterwerber gelten, demgegenüber nur die einseitige Erklärung, nicht der rechtsgeschäftliche Verpflichtungswille in Betracht komme, während das Verhältnis zwischen dem Aussteller und dem ersten Nehmer vom Vertrage beherrscht sei. Also ist die Erklärung nach Wieland normalerweise eben doch Vertragserklärung und wirkt nur ausnahmsweise kraft Rechtsscheins gegenüber dem Gutgläubigen. Betont doch Wieland 106 f., daß auch das Verhältnis zu dem Dritten durch Nebenberedungen mit dem Aussteller normiert werden kann. Vgl. gegenüber Wieland in etwas anderer Richtung auch die methodischen Bedenken von J. Adler, Zeitschr. f. Handelsrecht 64 (1909) 134 f.

denn auch wer bösgläubig, aber vom Eigentümer erwirbt, der erwirbt das Recht.[22]) Mag diese Konstruktion aber auch an sich möglich sein, jedenfalls entspricht sie weder der in der Theorie von je herrschenden Grundauffassung noch der unseres heutigen Bürgerlichen Gesetzbuches.

Und es ist wohl kein Zweifel, daß die Ablehnung dieser Auffassung auf guten Gründen ruht. Denn sowohl die Gesetzgebung wie die juristische Konstruktion wird, wenn sie ihre Aufgabe recht erfaßt, stets von dem Normalfall ausgehen müssen.[23]) Die Klarheit des juristischen Denkens wird verwischt, wenn man die Ausnahme als Regel ansieht. Die Rechtswissenschaft ist auch keine Mathematik, die ausnahmslos gültige Grundsätze aufstellen könnte. Das Leben, das ihren Sätzen zugrunde liegt, kennt keine Regeln ohne Ausnahme. Freilich wird es die Aufgabe der Wissenschaft sein, auch die Durchbrechungen der Regel unter allgemeine Prinzipien zu bringen.[24]) Denn nicht wahllos werden die allgemeinen Grundsätze des Rechts durchbrochen.

So hat denn auch die Wissenschaft des deutschen Rechts nicht geruht, bis es ihr gelungen war, auch den als schwerwiegende Ausnahme erkannten Grundsatz „Hand muß Hand wahren", unter einen allgemeinen Gesichtspunkt zu bringen. Wir glauben ihn heute im Rechtscheingedanken gefunden zu haben. Wohl kann nur der Eigentümer Eigentum übertragen. Der römische Satz: „Nemo plus iuris transferre potest quam ipse habet" drückt eine Selbstverständlichkeit aus, die für jedes, auch für das deutsche Recht, unbedingt Geltung beansprucht. Aber der besitzende Nichteigentümer hat den Schein des Rechtes für sich; und auf diesen

[22]) Brütt 218, Jacobi 296.

[23]) Brütt 218 f.

[24]) Es ist also ein Verzicht auf restlose Lösung des wissenschaftlichen Problems, wenn Karl Gareis, Das Deutsche Handelsrecht, 8. Aufl. (1909) 641 § 81, nach einem Referat über die von Jacobi vertretene Rechtsscheintheorie doch zu dem Schlusse kommt, daß das Vertragsprinzip zugunsten des gutgläubigen Erwerbers nur „ausnahmsweise (oder besser: aushilfsweise) — aus praktischen Rücksichten — durchbrochen" werde (vgl. auch für das Akzept ebd. 669 § 90). Die „Rücksicht auf die Verkehrssicherheit" ist ein wirtschaftliches Motiv für den Gesetzgeber, aber keine juristische Konstruktion. Ähnlich wie Gareis auch K. Lehmann 610.

Schein darf man sich im rechtsgeschäftlichen Verkehr verlassen. Wer dem Schein traut, soll im Vertrauen auf den Schein nicht getäuscht werden. Er erwirbt das Recht so, als ob er von dem wahren Berechtigten erworben hätte.[25]) So beruht die Durchbrechung des Prinzips auf einem Grundsatz, der nicht weniger allgemeine Geltung beansprucht. Alle die zahlreichen Fälle, in denen im modernen Recht der Mangel des abgeleiteten Erwerbs durch den guten Glauben des Erwerbers geheilt wird, sind unter diesen Gesichtspunkt zu bringen. Das Recht der Wertpapiere kann hier keine Ausnahme machen. Hinsichtlich der Übertragung eines bereits im Verkehr befindlichen Inhaberpapiers kann nach unserem geltenden bürgerlichen Rechte in dieser Richtung kein Zweifel bestehen. Für den Erwerb des Gläubigerrechts gelten die sachenrechtlichen Grundsätze. Einigung und Übergabe seitens des Eigentümers an den Erwerber sind die Norm. Aber ausnahmsweise entsteht das Recht auch in der Person dessen, der im Vertrauen auf den Besitz seines Vormanns das Papier vom Unberechtigten erwarb, mochte es selbst dem wahren Berechtigten verloren gegangen oder gestohlen worden sein.

Wer so mit uns den abgeleiteten Erwerb eines Inhaberpapiers auf Grund der §§ 932, 935 als eine auf dem Rechtsscheinprinzip basierende Ausnahme von dem allgemein gültigen Traditionsprinzip des § 929 faßt, der kann, wenn er nicht die Einheitlichkeit unseres bürgerlichen Rechtes ohne Not durchbrechen und gefährden will, den Grundsatz des § 794 nicht wohl anders fassen.[26]) Die

[25]) Diese Erwägung zerstreut die Bedenken, die A. v. Tuhr, Der Allgemeine Teil des Deutschen Bürgerlichen Rechts II 1 (1914) 54 ff., gegen die Auffassung des Erwerbs vom Scheinberechtigten als einer grundsätzlich originären Erwerbsart hat. Es handelt sich nicht um abgeleiteten Erwerb, aber der Erwerber wird in jeder Hinsicht auf Grund des Rechtsscheins so behandelt, als leite er sein Recht von dem wahren Berechtigten ab. Demnach finden die Regeln des abgeleiteten Erwerbs Anwendung. Natürlich können aber auch Mängel in der Rechtsstellung des Materiellberechtigten durch den Rechtsschein geheilt werden.

[26]) Wenn P. Oertmann, Kommentar zum Bürgerlichen Gesetzbuch, II. Buch, 3. u. 4. Aufl. (1910) 991 f., Vorbem. zu § 793, sein Festhalten an der Kreationstheorie gegenüber der Rechtsscheintheorie damit rechtfertigt, daß er sagt, die Parallele des gutgläubigen Erwerbs sei nicht durchschlagend, weil dabei immerhin eine Sache vorhanden sei, während

gleiche Ausnahme vom Traditionsprinzip ist hier festgelegt für den Fall, daß das Papier schon dem Aussteller verloren gegangen oder gestohlen worden ist. Es geht nicht an, in diesem Falle wegen der Ausnahme die Regel zu leugnen.[27]) Fehlte doch jeder Grund und jede Möglichkeit, den Erwerber eines Inhaberpapiers in diesem Falle anders zu behandeln als in jenem, da das Papier erst einem späteren Erwerber verloren gegangen ist. Die Bestimmung des § 794 fußt nicht auf einem gerade dem Wertpapierrecht eigentümlichen Gedanken. Sie kann also auch nicht als Angelpunkt für eine speziell wertpapierrechtliche Theorie verwendet werden. Hier liegt der Grundfehler der Kreationstheorie. Sie übersieht, daß der § 794 überhaupt fehlen könnte und daß er doch aus den allgemeinen Grundgedanken des Bürgerlichen Gesetzbuches in das Recht der Wertpapiere herübergenommen werden müßte.[28]) Zudem folgt schon aus

---

es sich hier um Schaffung eines ganz neuen Rechts handle, so ist diese allgemeinere Bedeutung des Rechtsscheingedankens nicht gebührend gewürdigt. Ferner ist auch beim Erwerb vom Nichtberechtigten das, was in der Person des Erwerbers auf Grund des Scheins entsteht, ein neues Recht. Auch wer den Eigentumserwerb in diesem Falle für abgeleitet hält, was m. E. unzutreffend ist, muß doch anerkennen, daß z. B. die Bestellung eines Erbbaurechts durch den Scheineigentümer Schaffung eines neuen Rechts ist, das sogar als selbständige Liegenschaft behandelt wird, also gewiß auch ein neues Rechtsobjekt darstellt.

[27]) Das tut jedoch Brütt 222 ff., 314, wenn er trotz der Erwägung (212), daß die Heilung des Rechtsmangels bei gutgläubigem Rechtserwerb auf die Publizitätswirkungen der Gewere zurückgeht, dennoch in der Ausstellung des Papiers und in der Niederschrift des Akzepts einseitige Willenserklärungen erblickt. Dann müßte auch die Eigentumsübertragung einer beweglichen Sache eine solche sein und einseitige Räumung des Besitzes dazu in jedem Falle genügen. Erkennt doch auch Brütt (314) ausdrücklich an, daß der zum Erwerb des Gläubigerrechts erforderliche „Wechsel in der dinglichen Rechtslage normalerweise dadurch erfolgt, daß der Aussteller das Papier begibt". Also bedarf es doch regelmäßig eines Vertrages.

[28]) Ähnlich Jacobi 290 f., J. Siegel, Archiv f. d. zivilistische Praxis 111 (1914) 132 f. und für das frühere Recht J. Kohler, Archiv f. Bürg. Recht 6 (1892) 331 f., der jedoch unnötigerweise mit einem präsumtiven Verschulden des Ausstellers bezw. Eigentümers operiert und seine Ansicht als Kreationstheorie bezeichnet, obwohl er in dem einseitigen Herstellungsakt noch nicht die Kreation erblickt, sondern nur in dessen Verbindung mit der Emission oder aber mit dem gutgläubigen Erwerb des Dritten (330).

§ 796, daß die Tatsache, das Papier sei dem Aussteller abhanden gekommen, einem gutgläubigen Erwerber nicht entgegengestellt werden kann. Ergibt sich doch die Einwendung nicht aus der Urkunde, und könnte sie als sogenannte exceptio doli doch nur einem bösgläubigen Erwerber entgegengehalten werden. Somit beruht unsere Ausnahme einfach auf der skripturrechtlichen Wirkung des Inhaberpapiers.[29]) Auch damit haben wir sie aber nicht auf einen den Wertpapieren eigentümlichen Gedanken zurückgeführt; denn die skripturrechtliche Wirkung ist nichts anderes als Rechtsscheinwirkung.[30]) Schon Brunner hat ja die Skripturobligationen als Wertpapiere öffentlichen Glaubens gekennzeichnet.[31]) Wie die Grundbucheintragung als äußere Form

---

[29]) Entsprechend erklärt schon Brunner bei Endemann II 172, 190 f. auch den gutgläubigen Eigentumserwerb an Inhaber- und Orderpapieren einfach für einen Anwendungsfall des Grundsatzes vom öffentlichen Glauben der Wertpapiere. Die §§ 932, 935 könnten also für Inhaberpapiere im Bürgerlichen Gesetzbuche fehlen.

[30]) J. Siegel a. a. O. 126 ff., der in „der angeblichen Eigenart der Skripturobligationen überhaupt nichts Eigentümliches finden" kann, übersieht diesen höheren Zusammenhang und erblickt im § 794 eine durchaus singuläre Bestimmung.

[31]) Er ist damit, wie ich schon in der Deutschen Literaturzeitung 33 (1912) 2550 f. bemerkte, einer der Begründer der Rechtsscheintheorie geworden, wenn auch der Ausdruck Rechtsschein bei ihm nicht begegnet. Das wesentliche ist Brunners Erkenntnis, daß beim Wertpapier wie bei der Grundbucheintragung Rechtsformen gegeben sind, auf deren Richtigkeit man sich im Verkehr verlassen darf, ohne den späteren Einwand des mangelnden dahinterstehenden Rechts befürchten zu müssen. Brunner war sich auch bewußt, daß das Prinzip bei den Wertpapieren sowohl für den abgeleiteten wie für den erstmaligen Erwerb der unbegebenen Urkunde wirksam werden könne, wie seine Ausführungen bei Endemann II 167 zeigen. Die Heilung des Mangels des Begebungsvertrages bei gutgläubigem Erwerb könne ebensowenig auf den Willen des Ausstellers wie der Übergang des Eigentums bei Erwerb vom Nichtberechtigten auf den des wahren Eigentümers zurückgeführt werden, sondern beruhe auf einem besonderen Rechtssatz, der einen selbständigen Verpflichtungsgrund neben dem der Begebung schaffe. Allerdings hielt Brunner mit der damals herrschenden Meinung die Geltung dieses Rechtssatzes im positiven deutschen Recht nicht für erwiesen (ebd. u. 170). Sein Bedenken, daß der öffentliche Glaube, wenn er für das nicht begebene Wertpapier

des Liegenschaftsrechts den Schein des Rechtes erzeugt und öffentlichen Glauben genießt, so ist auch das Wertpapier als äußere Erscheinungsform des Rechts dazu bestimmt, ein einredeloses Recht in sich aufzunehmen, und jedermann kann diesem Schein vertrauen. Erwirbt er das Papier im Vertrauen auf den Schein, so wird er in seinem Vertrauen nicht getäuscht. Er erwirbt das Recht, wie wenn dieses bereits in dem Schein verkörpert gewesen wäre.

Wie kommt aber der Aussteller dazu, diesen Schein gegen sich gelten zu lassen? Nun, er hat ja die Form geschaffen, die dazu bestimmt war, unter Ausschluß von Einreden das Recht in sich aufzunehmen, und darum ist das in der Person des Erwerbers entstandene Forderungsrecht ihm gegenüber wirksam. Er hat die Veranlassung zu seiner Entstehung gegeben.[32]) Das

anerkannt werde, dann auch dem gutgläubigen Erwerber eines für kraftlos erklärten Papiers zugute kommen müsse, greift übrigens nicht durch, da die Publizität des Aufgebots die Kraft hat, den formalen Schein mit Wirkung jedermann gegenüber zu zerstören. Vgl. meine Schrift „Vom Rechtsschein des Todes" (1912) 17 f. (auch in der Festgabe der Bresl. Juristenfak. für S. Brie 87 f.).

[32]) Dadurch erklärt es sich, wie O. v. Gierke, Deutsch. Privatrecht II, 112 Anm. 32, hervorhebt, daß der Rechtsschein nicht auch zugunsten des Nehmers eines unerkennbar gefälschten Wechsels oder Inhaberpapiers wirkt, was Goldschmidt, Zeitschr. f. Handelsrecht 23 (1878) 307, 28 (1882) 138 (Verm. Schriften II 151 f.), und Brunner a. a. O. 167 Anm. 16 dazu veranlaßte, am Erfordernis der Begebung auch dem gutgläubigen Erwerber gegenüber festzuhalten. Sehr beachtenswert ist übrigens, daß für Grünhut gerade der Tatbestand der Fälschung Veranlassung geworden ist, seine vom einseitigen Akte des Ausstellers ausgehende Redlichkeitstheorie in einer Weise zu formulieren, die dem hier vertretenen Standpunkt, daß es auf die Verursachung des Rechtsscheines ankomme, sehr nahekommt. Er sagt in seiner Zeitschrift 19 (1892) 309 und Wechselr. I 316, bei der Fälschung eines Wertpapiers fehle nicht nur der rechtsgeschäftliche Erklärungswille des Ausstellers, wie bei der nicht ernstlich gemeinten Ausstellung, „sondern auch der Wille, eine scheinbare Erklärung zu machen; es fehlt jener Schein einer Form, bei dem der Anfertiger der scheinbaren Form mit Hintansetzung der Wirklichkeit zugunsten des redlichen Erwerbers festgehalten werden könnte". Vgl. dazu seine Ausführungen über die Wirkung der simulierten Wechselerklärung gegenüber dem gutgläubigen Erwerber (I 438 f.), sowie über Heilung von Willensmängeln durch Gutgläubigkeit des Erwerbes (I 325 ff). Auch oben Anm. 20 S. 15. Ähn-

Vertrauensprinzip erfordert, daß der gutgläubige Erwerber in seinem Erwerbe geschützt werde, das Verursachungsprinzip rechtfertigt die Haftbarmachung des Ausstellers. So wirken zwei germanische Rechtsgrundsätze zusammen, dem Gedanken der relativen Gerechtigkeit zum Sieg zu verhelfen. Es ist gerechter, daß der Aussteller den Schaden trage, als der, der nach den Grundsätzen von Treu und Glauben seiner erkennbaren Erklärung vertrauen durfte, zumal diese als skripturmäßiges Wertpapier mit einem erhöhten Publizitätsschutze, mit öffentlichem Glauben, bekleidet war.

Im Einklang mit Jacobi[33]) und in Anlehnung an ältere Autoren habe ich schon früher darauf hingewiesen, daß es sich hier nur um einen besonders klar hervortretenden Anwendungsfall eines allgemeinen Grundsatzes handelt, der unser ganzes bürgerliches Recht beherrscht.[34]) Jede in äußerlich einwandfreier Form abgegebene Erklärung, aus der nach den Umständen auf einen rechtsgeschäftlichen Verpflichtungswillen geschlossen werden muß, begründet einen Rechtsschein, auf den man sich im Verkehr der Menschen untereinander verlassen darf. Der Erklärende haftet, wie insbesondere das Reichsgericht schon lange anerkannt hat, gemäß § 122 BGB. nach den Grundsätzen des Veranlassungsprinzips für den durch ihn verursachten Schaden.[35]) Die Geltendmachung des Willensmangels, insbesondere die sogenannte Anfechtung des Rechtsgeschäfts, bedeutet nichts anderes als eine Anfechtung des Rechtsscheins, der jedoch insoweit nicht mit rückwirken-

---

lich wie Grünhut auch R. Leonhard, Der Irrtum als Ursache nichtiger Verträge I, 2. Aufl. (1907) 134 f. Vgl. dazu Jacobi 282 Anm. 2.

[33]) 255 ff., 282 ff. Neuerdings hat J. Siegel a. a. O. 126 ff., der gegen Jacobi ankämpft, ohne dessen „Theorie der Willenserklärungen" zu berücksichtigen, seine Ansicht ganz ähnlich formuliert. Nur stellt er zu Unrecht auf das „Bewußtsein eines möglichen Erklärungswertes" ab. Damit wird ein entbehrliches subjektives Moment in den objektiven Tatbestand hineingetragen.

[34]) Das Publizitätsprinzip (1909) 94 ff.; zum Gedanken der relativen Gerechtigkeit ebd. VIII und 87 ff.

[35]) Mein Publizitätsprinzip 90 ff., Rechtsschein des Todes 6 (76) f., 15 (85) ff.

der Kraft beseitigt werden kann, als durch das Vertrauen auf den Schein ein Dritter ein wohlerworbenes Recht erlangt hat.[36])

Der Gedanke, daß nach dem Veranlassungsprinzip der, der den Schein verursacht hat, dem Scheine gemäß[37]) haftbar gemacht werden kann, ist älter als unser bürgerliches Recht. So hat z. B. schon das Reichsoberhandelsgericht erkannt,[38]) daß eine Genehmigung des durch den beschränkt Geschäftsfähigen abgeschlossenen Lehrvertrags seitens des Vaters dann anzunehmen ist, wenn der Vater durch sein Verhalten den Lehrherrn zu der Annahme veranlaßt hat, daß er mit dem Vertrage einverstanden sei.[39]) Auch auf ein Verschulden des Erklärenden, bezw. in unserem Falle des Ausstellers des Wertpapiers, kommt es nicht an; in allen diesen Fällen gilt neben dem römischen Verschuldungsprinzip als

[36]) Publ. 97, Rechtsschein des Todes 7 (77).

[37]) Ebenso wie beim Erwerb dinglicher Rechte vom Scheinberechtigten eine Scheinrechtsnachfolge eintritt, die als Rechtsnachfolge behandelt wird, ohne es im Grunde zu sein, so haftet man beim Schein vertragsmäßiger Willenserklärung nach Vertragsgrundsätzen, also nicht etwa nur auf Schadensersatz. Das verkennt Oertmann 992, Vorbem. zu § 793, wenn er bemerkt: „Gierke und H. Meyer erblicken in der Haftung des Ausstellers nach § 794 eine Ersatzverbindlichkeit aus Schadensverursachung." Eine solche aber gehe stets nur auf das negative, nicht auf das positive Interesse; es fehle an jedem rechtspolitischen wie theoretischen Grunde, warum das hier anders sein solle. Diese Einwendung mag gegenüber der Formulierung bei Gierke, Deutsches Privatrecht II 112, zutreffend erscheinen, nicht aber gegenüber der von mir seinerzeit gewählten. Doch betont auch Gierke, daß die Haftung durch Rechtssatz in die Form der Festhaltung des Ausstellers bei der beurkundeten Verpflichtung gegossen werden kann, freilich ohne diesen Rechtssatz auf ein allgemeines Prinzip zurückzuführen. Inzwischen habe ich in meiner Schrift „Vom Rechtsschein des Todes" gezeigt, daß die Rechtsscheinwirkungen, je nachdem der äußere Schein eines Rechtsverhältnisses, z. B. eines Vertrages, eines Rechts oder einer Rechtslage vorliegt, den verschiedensten Inhalt haben können. Vgl. jetzt dazu auch Jacobi 288 f., 298 ff.

[38]) Entscheidungen 17 (1875) 394 ff.

[39]) Auf den wirklichen Willen kommt es nicht an; dieser ist nur bei wahren und mangelfreien Rechtsgeschäften, also im Normalfalle, zu erforschen. Die sogenannte Erklärungstheorie, die ihn allgemein für unbeachtlich hält, macht genau wie die Kreationstheorie die Ausnahme zur Regel. Rein durchzuführen ist sie freilich ebensowenig wie diese.

ein beherrschender Grundsatz unseres bürgerlichen Rechtes das germanische Verursachungsprinzip.[40]) Zu eng gefaßt ist auch

[40]) Daß in der Tat nicht nur der Gedanke der Kundbarkeit, sondern auch das Veranlassungsprinzip zu einem solchen beherrschenden Grundsatz geworden ist, der sich in den modernen Rechten immer entschiedener Bahn bricht, zeigen die Ausführungen von J. W. Hedemann, Die Fortschritte des Zivilrechts I (1910) 83 ff., über sein unaufhaltsames Vordringen in der mitteleuropäischen Gesetzgebung. Aber auch wo die positive gesetzliche Grundlage fehlt, verschafft er sich durch den Gerichtsgebrauch als moderne gewohnheitsrechtliche Bildung allenthalben Eingang. Hedemann hat a. a. O. 114 auf den Umstand hingewiesen, daß § 752 I des Entwurfes II BGB. den Verursacher eines Schadens ganz allgemein ohne Verschulden haften lassen wollte, wenn die Billigkeit eine Schadloshaltung erforderte. Die Bestimmung wurde ebenso wie eine entsprechende Anregung bei der Beratung des Schweizerischen Zivilgesetzbuches abgelehnt, obwohl in der Verhandlung geltend gemacht wurde, daß es in Fällen, wie der Verletzung einer an einer Jagd beteiligten Person durch einen unglücklichen Schützen gerechtfertigt erscheine, diesen zum Schadensersatz zu verurteilen, auch wenn ihn kein Verschulden treffe. Trotz der Ablehnung, die übrigens in Deutschland erst durch den Bundesrat ohne Anführung von Gründen erfolgte, erblickt Hedemann in der Bestimmung das Rechtsprinzip der Zukunft. Es ist nun überaus interessant, daß gerade der in den deutschen Protokollen als Beispiel angeführte Fall der deutschen Praxis Veranlassung gegeben hat, im Rahmen der gesetzlichen Verschuldenshaftung sich doch dem Ergebnis der abgelehnten Bestimmung nach Möglichkeit zu nähern. In neueren Entscheidungen hat das Reichsgericht im Gegensatz zu der früher, und zwar schon vor dem Bürgerlichen Gesetzbuch, geübten Praxis, wonach es zur Verneinung der Haftung genügt, „wenn der gehörig ausgemittelte Tatbestand keine Anzeichen für eine Verschuldung ergibt, und ihr Vorhandensein daher mit größter Wahrscheinlichkeit in Abrede gestellt werden kann" (E.R.G. 42, 1899, 78), einen Standpunkt eingenommen, der die wesentliche Beweislast dem Beklagten aufbürdet, während der Verletzte nur einen sogenannten „prima facie-Beweis" zu führen hat, der in Wahrheit gar kein Beweis ist. In einer in der Juristischen Wochenschrift 41 (1912) 348 ff., 14, mitgeteilten Entscheidung wird ausgeführt, daß § 823 I zwar grundsätzlich den Beweis des Verschuldens verlange; aber das Reichsgericht habe stets anerkannt, „daß der Kläger diesen Beweis zunächst genügend erbringt, wenn der festgestellte Sachverhalt nach dem regelmäßigen Zusammenhange der Dinge die Folgerung rechtfertigt, der Unfall sei durch ein Verschulden des Beklagten verursacht. Liegt ein solcher Sachverhalt vor, so ist es demgegenüber Sache des Beklagten, die etwaigen besonderen

die Meinung derer, die in solchen Fällen von Gefährdungshaftung, von einem Handeln auf eigene Gefahr, von einem Riskieren sprechen

---

Umstände darzulegen und zu beweisen, aus denen seine Schuldlosigkeit sich ergibt." Der Sturz in den von dem Beklagten offen gelassenen Schacht „weist nach aller Wahrscheinlichkeit zunächst auf ein ursächliches Verschulden des Beklagten. Hat der Kläger hiernach den sogenannten prima facie = Beweis . . . erbracht, so war es Sache des Beklagten, diejenigen besonderen Maßnahmen darzulegen, die geeignet waren, die Verkehrsgefahr abzuwenden, also namentlich, daß er den offenen Schacht ausreichend abgesperrt und beleuchtet hatte" (Das Recht 16, 1912, Nr. 738). In Wahrheit verlangt das Gericht zur Verurteilung des Beklagten hier weiter nichts als die *objektive Verursachung* des gefährlichen Zustandes. Denn daß man einen Schacht z. B. zu Reinigungsarbeiten gelegentlich offen lassen *muß*, ist klar; und dadurch, daß ein anderer hineingefallen ist, wird nicht entfernt bewiesen, daß der erste daran schuld ist. Dennoch aber sagt das Reichsgericht in einer sogar noch einen Schritt weitergehenden Entscheidung, ebd. 18 (1914) Nr. 1983, es habe schon wiederholt ausgesprochen, „daß grundsätzlich der aus § 823 Klagende zwar auch das subjektive Verschulden dem Beklagten darzutun und zu beweisen hat, daß er aber seiner Beweispflicht genügt hat, wenn ein Sachverhalt dargetan ist, der bei Zugrundelegung des gewöhnlichen Verlaufes der Dinge auf ein schuldhaftes Verhalten des Verpflichteten hinweist, und daß es solchenfalls dessen Sache ist, Umstände darzutun, die ihn als frei vom Verschulden erkennen lassen". Hier ist deutlich zu erkennen, wie der Nachweis des Verschuldens durch die objektive Feststellung des Kausalnexus ersetzt ist. Maßgebend ist, daß *normalerweise* in solchen Fällen ein Verschulden *regelmäßig* vorliegen wird. Deshalb haftet der Täter, wenn er sich nicht *exkulpieren* kann. Von diesen Erwägungen aus ist das Reichsgericht dann zu der erwähnten Entscheidung des Falles des unglücklichen Schützen gelangt: Die Gebräuche der Jagd machen es so gut wie unmöglich, seinen Vordermann zu treffen. Trifft ein Jäger ihn trotzdem, so ist ohne weiteres erwiesen, daß er die Jagdgebräuche außer acht gelassen, also fahrlässig gehandelt hat. Nur der Gegenbeweis wird ihm offengehalten, daß der Schade im konkreten Fall infolge außergewöhnlicher besonderer Umstände eingetreten sei, obwohl er die gebotene Sorgfalt angewendet habe. Die Haftung des Schützen ist also gleich der des *Tierhalters* für ein dem Erwerbe dienendes Haustier. Ähnliche Entscheidungen begegnen auch sonst häufig in der Praxis. Offenbar bildet sich hier ein Gewohnheitsrecht, auf Grund dessen *für das Gebiet der unerlaubten Handlungen das Verschuldensprinzip allmählich durch das Veranlassungsprinzip ersetzt* wird. Bei dessen Anerkennung spielt wohl auch die Erwägung eine Rolle, daß es heute in so erheblichem Umfange möglich ist, die Haftung gegen Entwollen;[41]) das trifft nur in solchen Fällen zu, in denen das Gesetz eine Haftung auf Schadenersatz oder die Übernahme eines Nachteils dem Handelnden auferlegt. Denn unser Rechtsgedanke ist auch in solchen Fällen wirksam, wo lediglich eine Gebundenheit ans Wort eintritt, ohne daß von einem solchen besonderen Nachteil die Rede sein kann. Für den hier in Frage stehenden Sonderfall, die Ausstellung eines Wertpapiers freilich, macht es nicht viel aus, ob man diesen engeren Standpunkt einnimmt; denn es läßt sich wohl sagen, daß die Ausstellung eines Wertpapiers ein Handeln auf eigene Gefahr, auf eigenes Risiko, darstellt.[42]) Nur ist damit noch nicht der Grundgedanke gefunden, der die einzelne Erscheinung einreiht in die größeren Zusammenhänge unseres ganzen Rechtsorganismus.

Kehren wir nun zum Ausgangspunkt zurück und betrachten von dem gewonnenen Standpunkt aus nochmals die Frage, wie wir uns zu dem alten Streit zwischen Kreations- und Begebungstheorie zu stellen haben, so werden wir erkennen, daß die Kreationstheorie insoweit von einem richtigen Gedanken ausgeht, als die Ausstellung des Wertpapiers in der Tat nicht unerheblich ist. Sie

richtung einer geringen Prämie im Wege der Versicherung von sich abzuwälzen. Daß die Entscheidungen den Übergang zu dem neuen Haftungsgrundsatz nicht offen erkennen lassen, sondern das neue Recht in das Kleid des alten hüllen, ist selbstverständlich und durchaus typisch für solche Fälle. Insofern geht übrigens der neue Gerichtsgebrauch noch über die abgelehnte Vorschrift hinaus, als er seine Entscheidung nicht auf die Billigkeit abstellt. Ich möchte auch nicht mit Hedemann gerade in der Vereinigung mit der Billigkeitsmaxime das Zukunftsideal erblicken, sondern in der Verwirklichung des Gedankens der relativen Gerechtigkeit. Nicht im einzelnen Falle gilt es zwischen den Interessen abzuwägen, sondern der Normalfall ist typisch richtig, d. h. so zu entscheiden, daß regelmäßig der den Schaden trägt, der nach dem normalen Lauf der Dinge ihn zu tragen verdient. Wer Abnormes, z. B. bei rechtswidriger Verletzung des Lebens, der Gesundheit und des Eigentums eines andern seine Schuldlosigkeit, behauptet, mag sich unter Umständen durch den Beweis aller der Tatsachen, aus der sie zu folgern ist, von der Haftung befreien. Aber es ist ungerecht, dem Geschädigten auch noch den Beweis des Verschuldens seines Schädigers aufzubürden.

[41]) Publ. 90 Anm. 2; vgl. Jacobi 286 f.

[42]) So besonders O. v. Gierke, Deutsches Privatrecht II 112, auch R. Hübner, Grundzüge des Deutschen Privatrechts, 2. Aufl. (1913) 509.

ist nicht nur eine rein tatsächliche Voraussetzung für die Entstehung des Rechtes. Nein, sie ist mehr. Wer ein Wertpapier ausstellt, schafft damit den Rechtsschein der Wertpapierverpflichtung.[43]) Die Kreation ist zwar nicht, wie die Anhänger jener Theorie meinen, rechtsbegründend, wohl aber ist sie rechtsscheinbegründend. Regelmäßig entsteht die Wertpapierobligation durch die von einem Anderen angenommene rechtsgeschäftliche Willenserklärung, also durch einen Vertrag.[44])

---

[43]) Ähnlich schon Gierke, Zeitschr. f. Handelsrecht 29 (1884) 259: „Doch scheint mir die Lehre vom Begebungsvertrage, wie sie von Brunner vorgetragen wird, in zwei Punkten einer zum Teil auch von Goldschmidt (Zeitschr. Bd. VI 341, XXIII 306 u. XXVIII 84 Note 39) schon angedeuteten Ergänzung durch Gedankenelemente der Kreationstheorie zu bedürfen. Erstens ist zu beachten, daß in der einseitigen Ausstellung eines Wertpapiers eine ‚Kreation' wirklich liegt. Nur wird dadurch noch nicht eine Verpflichtung und somit ein subjektives Rechtsverhältnis, sondern lediglich eine besonders qualifizierte und zum Substrat eines Rechtsverhältnisses geeignete Sache geschaffen." Diese in der Ausstellung enthaltene Begabung eines Stückes Papier mit neuen rechtlichen Eigenschaften aber sei von juristischer Bedeutung. Im folgenden (260) kam Gierke dann auf die von Goldschmidt vorgenommene Scheidung von Recht und Legitimation bei den Wertpapieren zu sprechen, die er durchaus billigte, während er (264) Brunners Theorie vom öffentlichen Glauben der Wertpapiere allerdings noch ablehnte. Vgl. auch seine Schrift über den Entwurf 230 sowie sein Deutsches Privatrecht II 111, wo er ausdrücklich die Wirkung des nicht begebenen Wertpapiers auf die Veranlassung des Rechtsscheins abstellt.

[44]) Die Möglichkeit eines solchen Entstehens wird für den konkreten Fall heute auch von einem der entschiedensten Vertreter der Kreationstheorie, A. Langen, Festschr. f. Zitelmann 37 f., zugegeben. Damit ist der Gegensatz gegen die Vertragstheorie auf die einzige Frage beschränkt, ob solches Entstehen eine auf dem Parteiwillen beruhende Ausnahme oder aber die Regel sei. Die Antwort kann m. E. nicht schwer fallen. Beachtenswerterweise ist Langen zu dieser gewichtigen Konzession dadurch gelangt, daß es ihm auf diese Weise möglich war, eine Anzahl von „Unzuträglichkeiten", zu denen die Durchführung der Kreationstheorie im einzelnen führt, und auf die gerade er früher (Kreationstheorie 121 ff., 135 ff., vgl. Vorwort V sowie „Zum Scheckrecht" 1910, 135, 67 ff.) hingewiesen hatte, zu vermeiden. Das erschien ihm um so mehr geboten (42), als im neuen deutschen Entwurf einer Wechselordnung der bisherige Art. 1 fehlt, der auf Grund positiver gesetzlicher Vorschrift eine gewisse Korrektur dieser Ergebnisse

Ausnahmsweise aber erzeugt der Rechtsschein auch ohne einen solchen Vertragsschluß die gleiche skripturrechtliche Wirkung: das Gläubigerrecht entsteht in der Person des Erwerbers, dem böser Glaube nicht nachgewiesen zu werden vermag. Wie steht es demgegenüber nun mit der Begebungstheorie? Diese greift lediglich einen Punkt aus der normalen Entstehung des Wertpapierrechtes heraus. Da das Papier Träger des Rechtes ist, so kann das Gläubigerrecht nur erworben werden auf Grund einer Übertragung des Papiers. Der Wertpapiervertrag ist, da der Gläubiger nicht nur das Recht aus dem Papier, sondern auch das Recht am Papier erlangen muß, regelmäßig ein Begebungsvertrag, d. h. ein solcher, durch den das Eigentum an dem Wertpapier als Sache[45]) auf den Gläubiger übertragen wird, Übergabe und Einigung. Das ist aber nur der Regelfall. Dieses Erfordernis kann nur dann eine Rolle spielen, wenn der Erwerber nicht schon auf andere Weise in den Besitz des Papiers gelangt ist. Es ist sehr wohl der Fall möglich, daß durch bloße Einigung im Vertragswege ein Gläubigerrecht entstehen könnte, indem der Schuldner ein in der Hand des Gläubigers befindliches Papier als ein verbindliches Wertpapier anerkennt. Schon von diesem Gesichtspunkt aus erscheint es wünschenswert, daß die Anhänger der Vertragstheorie in ihrer neueren Form, d. h. mit ihrer Ergänzung durch die Vertrauens- oder Rechtsscheintheorie, sich frei machen von der nur historisch verständlichen Vorstellung, daß die Vertragstheorie mit der Begebungstheorie identisch sei. Gerade hier liegt eine wesentliche Schwierigkeit, ein Hindernis für zahlreiche bisherige Anhänger der Kreationstheorie vor, sich von dieser loszulösen und auf den Boden der Vertragstheorie zu stellen.[46])

---

gestattet, da er für die Wechselfähigkeit auf die Vertragsfähigkeit verweist. Vgl. dazu auch Jacobi 309.

[45]) Dieses steht, spätestens seit und infolge der Ausstellung, gemäß § 950 BGB. dem Aussteller zu.

[46]) Überaus charakteristisch ist in dieser Hinsicht der Standpunkt von J. Breit, Die Geschäftsfähigkeit (1903) 177 f., 188 ff. Er erkennt an, daß die Wertpapierobligation regelmäßig durch Vertrag entstehe. Da er diesen aber mit der herrschenden Meinung als Begebungsvertrag auffaßt und Fälle vorkommen, in denen es an der Begebung fehlt, glaubt er insoweit der Kreationstheorie Recht geben zu müssen und nimmt an, daß dann ausnahmsweise das Recht durch ein-

Ausschlaggebend kommt dabei in Betracht, daß gerade nach den Regeln des Wertpapierrechts selbst der Schuldvertrag öfter nicht in der Form der Begebung, sondern in anderer skripturrechtlicher Form geschlossen zu werden pflegt. Das ist der Fall beim Akzept, sowohl beim Wechselakzept[47]) wie bei der Annahme einer Anweisung.

---

seitiges Rechtsgeschäft begründet werde. Dennoch muß er selbst anerkennen (285 f.), daß zur Herstellung des Wechsels oder Inhaberpapiers Geschäftsfähigkeit nicht erforderlich ist, wenn das Papier nach erlangter Geschäftsfähigkeit in Verkehr gelangt, sowie daß „die Hingabe im Zustande geistiger Störung" oder sonstiges in den Verkehr gelangen „ohne Willen" keine „verpflichtungsvernichtenden Wirkungen" haben (314): „Die Geschäftsunfähigkeit des Tradenten kann nicht rechtsvernichtend wirken, wo selbst der Windstoß die Tradition ersetzt." In der Tat haftet der Aussteller eines Inhaberpapiers nach § 794 I u. II, wenn er das Papier als Minderjähriger hergestellt hat und es ihm dann nach erlangter Volljährigkeit in vorübergehender geistiger Umnachtung gestohlen wird. Worin liegt das einseitige Rechtsgeschäft? In Wahrheit ist die Geschäftsfähigkeit nur erforderlich, weil man auch aus dem Rechtsschein eines Vertrages nur haftbar gemacht werden kann, wenn man während der Zeit des Bestehens des Scheintatbestandes wenigstens vorübergehend geschäftsfähig gewesen ist. Das ist auch Brütt 316 entgegenzuhalten, der die Behauptung aufstellt, „bezüglich des einseitigen Rechtsgeschäfts der Ausstellung" sei der Einwand der mangelnden Geschäftsfähigkeit zulässig, „weil eine echte Willenserklärung einer geschäftsfähigen Partei Voraussetzung des Rechtsscheins sei". Das hieße das Recht zur Voraussetzung des Rechtsscheins machen. Wichtig ist übigens Breits Nachweis, daß die Genehmigungsfähigkeit des Wertpapiergeschäfts, die auch von den Vertretern der Kreationstheorie anerkannt wird, dessen Vertragseigenschaft dartut und daß es nicht angeht, sich mit Grünhut I 306 Anm. 8, 313 Anm. 12 auf § 108 BGB. zu berufen, wenn man der Kreationstheorie huldigt. Vgl. dazu Jacobi 309.

[47]) Für dieses weist Brütt 224 f. mit Recht darauf hin, daß, „abgesehen vom Blanko-Wechsel, eine Übertragung des Eigentums oder eines beschränkten dinglichen Rechts am Papier zur Entstehung des Wechselanspruchs nicht notwendig ist, weil sich die Urkunde bereits im Eigentum des Ausstellers, des Remittenten oder eines Indossatars befindet". Er hätte hinzufügen können, daß regelmäßig auch der Besitz, selbst wenn das Papier dem Bezogenen vorübergehend überlassen worden ist, gemäß § 856 II BGB. dem Präsentanten verblieben ist. Der Rückgabe fehlt daher jede rechtliche Bedeutung.

II. Das Wechselakzept.

1. Das Akzept als Vertrag zwischen dem Aussteller und dem Bezogenen zugunsten des Wechselgläubigers.

Jacobi[1]) hat festgestellt, daß sich das Reichsgericht in einzelnen neueren Entscheidungen für den Wechsel bereits tatsächlich auf den Boden der Rechtsscheintheorie gestellt hat; und so kann man die Hoffnung hegen, daß dieser Lehre durch seine eingehende zusammenfassende Darstellung nunmehr allgemein in der Praxis Eingang verschafft werde. Aber auch die Beweiskraft der Ausführungen Jacobis wird meines Erachtens beeinträchtigt durch den Standpunkt, den er hinsichtlich des Wechselakzepts einnimmt. Auch er geht, wie fast sämtliche heutige Vertreter der Vertragstheorie, davon aus, daß die Verpflichtung des Akzeptanten regelmäßig auf einem Begebungsvertrag mit dem Nehmer des Akzeptes beruhe.[2]) Ausnahmsweise entstehe, in Ermangelung des Begebungsvertrages, z. B. wenn dem Akzeptanten das Papier abhanden gekommen ist, die Verbindlichkeit auf Grund des Rechtsscheines in der Person des gutgläubigen Erwerbers.[3]) Also nicht durch die Kreation komme das Akzept zustande. Regelmäßiger Entstehungsgrund sei der Vertrag, wie schon der Name Annahme, Akzept, sage.[4]) Dieser Vertrag aber komme nach den Regeln der Vertragstheorie durch Geben und Nehmen des Papiers zustande.

Ich glaube, daß die Berufung auf die Bezeichnung als Annahme oder Akzept nicht geeignet ist, die letzte Folgerung zu rechtfertigen und seiner Theorie Aufnahme in der Praxis zu verschaffen. Zwar sagt Jacobi[5]) wörtlich: „Es gehörte die Vereinheitlichungsperiode unserer Jurisprudenz, die auch die anomalen Fälle mit der Normalelle messen will, dazu, um das

---

[1]) 323. Vgl. dazu unten II 4 b.

[2]) 312 ff., 316 f.

[3]) Dabei wirke beim Akzept, als einer besonders verläßlichen Willenserklärung, der Rechtsschein so, daß der Erklärungsempfänger wie ein Dritter geschützt werde, und zwar selbst vor der eigentlichen Abgabe der Erklärung (313, 319). Zweifellos nimmt danach das Akzept im Rahmen der Jacobischen Theorie eine Ausnahmestellung ein, deren Begründung, wie ich glaube, kaum befriedigen kann.

[4]) Ebenso O. v. Gierke, Dtsch. Privatr. III (1917) 316 f. Anm. 23.

[5]) 318.

Akzept als Offerte oder Annahme einer solchen zu verkennen." Ganz recht. Aber woher stammt denn der Name Akzept? Ohne Frage doch nur von der äußeren Form der Tratte, als einer Anweisung. Anweisung und Wechselakzept sind nicht zu trennen.[6]) Der Anweisende fordert den Angewiesenen auf, an den Anweisungsempfänger eine Geldsumme zu zahlen, und genau dieselbe Aufforderung finden wir auch in dem Wortlaut des Wechselformulars. Der Aussteller weist den Trassaten an, an den Wechselgläubiger eine Summe zu zahlen, und die Annahme dieser Anweisung wird seitens des Bezogenen in der Form des Akzeptes ausgesprochen. Das ist der Tatbestand, der noch heute in einem jeden gezogenen Wechsel zum Ausdruck kommt; und historisch ist in der Tat die Annahme der Tratte nichts anderes als die Erklärung des Bezogenen auf eine an ihn gerichtete Frage, ob er die Aufforderung des Ausstellers des Wechsels zur Zahlung annehmen wolle. In frühester Zeit wurde auf der Messe die Akzepterklärung ohne Vorlegung des Wechsels nach dessen öffentlichem Aufruf mündlich abgegeben.[7]) Für dieses älteste Akzept versagt also sowohl die Theorie des einseitigen Skripturaktes wie die des Begebungsvertrages. Es handelt sich um weiter nichts als um die Annahme der an den Trassaten gerichteten und durch den Gläubiger übermittelten Zahlungsaufforderung, also des Antrages des Ausstellers.

Dieser einfache Tatbestand sollte auch heute besser nicht verkannt werden.[8]) Alle Schwierigkeiten, deren Beseitigung der Vertrags-

---

[6]) Vgl. auch O. Wendt, Das allgemeine Anweisungsrecht (1895) 143.

[7]) F. A. Biener, Wechselrechtliche Abhandlungen (1859) 46, 49, 108, 110 f., 231, 340; W. Endemann, Studien in der romanisch-kanonistischen Wirthschafts- und Rechtslehre I (1874) 176 f., 206; Grawein 85 f.; L. Goldschmidt, Universalgeschichte des Handelsrechts I (1891) 455. Vgl. auch unten II 3 b, insbesondere über die Bedeutung der mit dem mündlichen Erklärungsaustausch verbundenen Eintragung in die beiderseitigen Meßbücher. Nach dem englisch-amerikanischen Common Law war das mündliche Akzept bis in die neueste Zeit gestattet. Erst die neue Kodifikation hat das beseitigt. Vgl. Felix Meyer, Weltwechselrecht (1906) 64.

[8]) Ähnlich Goldschmidt, Zeitschr. f. Handelsrecht 28 (1882) 85 f. (Verm. Schriften II 95 f.). Er wendet sich im folgenden (86 f. bezw.

theorie sowohl wie der Kreationstheorie nur mit Mühe mehr oder weniger gelingt, können auf dem einfachsten Wege dadurch behoben werden, daß man das Wechselakzept auffaßt als das, als was es nach außen hin ohne weiteres jedem Unbefangenen erscheint, als einen Vertrag zwischen dem Aussteller und dem

96 f.) gegen die Neigung, von außergewöhnlichen oder gar anomalen Erscheinungen, wie dem trassiert-eigenen Wechsel oder der Tratte an eigene Order, auszugehen und daraus zu schließen, daß in der Formel auch der Normaltratte „Zahlen Sie gegen diesen Wechsel" ein Auftrag im Rechtssinne nicht enthalten sei. „Wer auf den zur Annahme vorgelegten Wechsel sein Akzept setzt, tut, was von ihm begehrt wird, entspricht tatsächlich (re, hier scriptura) dem an ihn gestellten Begehren (dem Antrag zu akzeptieren)." Allerdings sieht Goldschmidt, irrigerweise, wie ich glaube, den Antragsteller in dem Vorleger des Wechsels, so wenigstens ganz deutlich a. a. O. 91 (100 f.), wo er hervorhebt, daß das Akzept regelmäßig, d. h. wenn es unmittelbar auf die Präsentation hin erteilt werde, kein Vertrag unter Abwesenden, sondern unter Gegenwärtigen sei. Anders dagegen ebd. 94 (103), 94 f. Anm. 58 (104 Anm. 3), wo im Sinne der Mandatstheorie ausgeführt wird, daß der in der Tratte liegende Zahlungsauftrag zugleich den Antrag zum Akzeptieren in sich schließe. Der Widerspruch erscheint mir unlösbar, wenn man nicht in Goldschmidts Worten (88 bezw. 98): „wer eine Tratte zur Annahme vorlegt (einsendet), begehrt deren Annahme — gleichviel ob er dies in eigenem Interesse oder im Interesse eines Dritten tut (W.O. Art. 18: ‚Der bloße Besitz des Wechsels ermächtigt zur Präsentation des Wechsels')" die Feststellung finden will, der Präsentant sei als ermächtigter Vertreter des Ausstellers anzusehen. Darüber, daß diese Auffassung unhaltbar wäre, ist unten zu handeln. Ich glaube aber auch nicht, daß das Goldschmidts Meinung war. Er hat den Standpunkt, daß in der Tratte ein Auftrag im Rechtssinne enthalten sei, nicht nur hier (87 bezw. 97), sondern besonders auch in einem im Jahre 1872 vor dem Plenum des Reichsoberhandelsgerichts gehaltenen Vortrag (Verm. Schriften I, 1901, 464 ff., besonders 469 ff.) verteidigt und dabei die alte Mandatstheorie als überwunden bezeichnet, soweit es sich um die Verpflichtung des Ausstellers und des Akzeptanten gegen den Wechselgläubiger handle. Der abstrakte Wechselvertrag sei von dem nur für das Innenverhältnis zwischen Aussteller und Bezogenem in Betracht kommenden Auftragsverhältnis zu scheiden. Aber allerdings beziehe sich das Wechselakzept auch als abstraktes Zahlungsversprechen notwendig auf einen in der Tratte enthaltenen Zahlungsauftrag, dem es seinen Inhalt entnehme, sofern es sich, wie üblich, auf ein bloßes Ja beschränke. Wegen der rechtlichen Selbständigkeit der Wechselverpflichtung komme es dabei auf das materielle Bestehen des Auftrags nicht an. Goldschmidt

Akzeptanten. Die Tratte ist ein Brief, den der Aussteller an den Trassaten schreibt, enthaltend eine Anweisung, eine Aufforderung zur Zahlung.[9]) Der Vertrag wird geschlossen dadurch, daß der Angewiesene auf dem Brief vermerkt, er nehme diese Aufforderung an. Da die Zahlung nicht an den Vertragsgegner, sondern an den Remittenten bezw. dessen Rechtsnachfolger erfolgen soll, so handelt es sich um einen Vertrag zugunsten Dritter.

Ein Vertrag liegt dann vor, wenn ein Rechtserfolg durch das gewollte Zusammenwirken zweier rechtsgeschäftlicher Erklärungen bewirkt wird. Nun, auch in der heutigen Wechselrechtsliteratur wird nicht übersehen, daß der Zahlungsauftrag des Ausstellers und dessen Annahme durch den Bezogenen zusammenkommen müssen, damit eine Akzeptverpflichtung entsteht. „Der Grundwechsel ist eine Zahlungsanweisung", sagt Cosack,[10]) und: „Das Akzept ist das Versprechen, der im Grundwechsel und den Indossamenten enthaltenen Zahlungsanweisung Folge zu leisten."[11])

---

meint also wohl, daß der Akzeptvertrag mit dem Vorleger bezw. mit diesem als dem Vertreter des Gläubigers geschlossen werde, und daß er lediglich seinen Inhalt aus der Form der Tratte entnehme. Der Präsentant macht sich den in der Tratte formell enthaltenen Antrag zum Akzeptieren zu eigen. Es handelt sich an den oben angeführten Stellen also wohl nur um ungenaue Ausdrucksweise.

[9]) Daß sie das von Anfang an gewesen ist, kann nicht bezweifelt werden, seit Schaube, Zeitschr. d. Savigny-Stiftung f. Rechtsgeschichte 14 (1893) G.A. 111 ff., gegenüber der Goldschmidtschen Ableitung aus dem eigenen Wechsel die selbständige Wurzel der Tratte in der „lettera di pagamento" nachgewiesen hat. Siehe darüber jetzt die eingehenden Untersuchungen von C. Freundt, Das Wechselrecht der Postglossatoren I (1899) 24 ff., 48 ff., 91 ff., II (1909) 3, 11, 152 f. Danach ist die Tratte eine Anweisung, verbunden mit einem in die Valutaklausel gekleideten Zahlungsversprechen des Ausstellers an den Remittenten (I 66 ff.), aus dem sich später die Regreßhaftung des Ausstellers der Anweisung als solchen entwickelt hat. Zustimmend E. Heymann, Deutsche Literaturzeitung 21 (1900) 2163. Vgl. dazu jetzt auch J. Kohler, Wechsel und Valutaklausel, Arch. f. Bürgerliches Recht 41 (1915) 413 ff.

[10]) Lehrb. d. Handelsrechts, 7. Aufl. (1910), 215 § 55.

[11]) Ebd. 217. Ähnlich K. Lehmann 649 f. § 140.

Beim Eigenwechsel ist die Annahme „begrifflich ausgeschlossen".[12]) Denn das „zahlen Sie"[13]) der Wechselformulare ist, wenn auch nicht als solcher in Art. 4 WO. aufgezählt, wesentlicher Bestandteil des gezogenen Wechsels,[14]) und ohne Trattenform kein Akzept, so hat schon das Reichsoberhandelsgericht[15]) entschieden. Brachmann, der die Kuntzesche Darstellung des Wechselrechts auf Grund der von diesem geschaffenen Kreationstheorie fortsetzen wollte, bezeichnet, völlig aus der Rolle fallend, das Akzept als „Annahme des Zahlungsauftrages des Trassanten", als

---

[12]) Georg Cohn, Wechselrecht § 10, in Holtzendorff-Kohlers Enzyklopädie III (1913) 168; H. Rehbein, Wechselordnung, 8. Aufl. (1908) von Mansfeld 54 Anm. 2 zu Art. 21.

[13]) Natürlich können aber statt dieser Worte gleichbedeutende gewählt werden; doch: „Die bloße Aneinanderreihung der wesentlichen Bestandteile eines gezogenen Wechsels ohne das zusammenhaltende Band der Zahlungsaufforderung genügt nicht" (Grünhut I 423). Vielmehr ist die Formel „zahlen Sie" „durch irgendein Äquivalent zu ersetzen, das den Zahlungsauftrag des Ausstellers genügend andeutet".

[14]) Thöl II 147 § 33, 2. Neuerdings L.-E. Roeper, Wechselnehmer, Aussteller und Annehmer (Erlanger Diss. 1915) 37: „Ohne Zahlungsanweisung an den Bezogenen ist ein Wechsel nicht gültig." H. O. Lehmann 460 scheint allerdings anzunehmen, daß „die Tratte als reines Zahlungsversprechen formuliert sein" könnte. Gerade er betont jedoch besonders eindringlich: „der trassierte Wechsel enthält nicht nur ein Zahlungsversprechen des Ausstellers, sondern auch außerdem einen Zahlungsauftrag desselben an den Bezogenen. Das Verhältnis zwischen Trassant und Trassat ist sonach ein Mandatsverhältnis. Der Zahlungsauftrag ist in der gewöhnlichen Formulierung des Wechsels klar ausgesprochen." Er nimmt denn auch an, daß ein Auftrag des Ausstellers selbst dann gegeben sei, wenn der Wortlaut der Tratte lediglich das Versprechen enthalte, daß der Bezogene zahlen werde. Zwischen beiden Arten der Tratte bestehe kein rechtlicher Unterschied. Dadurch, daß der Trassant auf einem Papier, das bestimmungsgemäß dem Trassaten vorzulegen sei, eine Zahlung durch diesen verspreche, werde der Wille, daß der Trassat zahlen solle, diesem gegenüber „mit einer für einen Auftrag hinreichenden Deutlichkeit erklärt". Dennoch hat H. O. Lehmann übrigens seltsamerweise aus dieser Auffassung der Tratte nicht die Folgerung gezogen, daß das Akzept die Annahme dieses Zahlungsauftrages sei, sondern er sieht darin einen einseitigen Akt des Akzeptanten (228 ff., 241 ff.).

[15]) Entsch. d. R.O.H.G. 19 (1876) 16.

mandatsähnliches Verhältnis, und spricht geradezu vom „Wechselvertrag des Akzeptanten".[16]) Und Gareis, der alte Gegner der Kreations- und Vertreter der Begebungsvertragstheorie, sagt:[17]) „Die Tratte ist eine Geldanweisung (Geldzahlungsauftrag) mit wesentlich hinzukommendem Wechselversprechen (Regreßversprechen des Ausstellers)." Er betont die „Notwendigkeit eines ausgesprochenen Zahlungsauftrages in der Tratte"; das Akzept ist ihm „die wechselmäßige Erklärung eines Bezogenen, daß er den in der Tratte — wenigstens scheinbar — an ihn gerichteten Zahlungsauftrag annehme und folgeweise zu erfüllen verspreche".[18])

Kommt hier die heute durchaus herrschende Ansicht zum Ausdruck, daß nur äußerlich, nur scheinbar Ausstellungsakt und Akzept als Vertragsantrag und -annahme hervortreten,[19]) so ist doch die

---

[16]) Bei Endemann IV 2 182, 191, 193.

[17]) Das Deutsche Handelsrecht, 8. Aufl. (1909), 644 f. § 84, 667 § 90.

[18]) Auch für Oskar Wächter, Das Wechselrecht (1883) 291 ist das Akzept die Erklärung des Bezogenen, „daß er den Trattenauftrag annehme und übernehme". Dennoch aber sieht er (ebd. u. 293) darin einen Vertrag mit dem Wechselinhaber. Vgl. auch 60, 295 f. Ferner neuerdings G. Tilike, Die wechselrechtliche Bedeutung des Mehracceptes (Greifswalder Diss. 1912) 11, 27.

[19]) Sie ist begründet worden durch Carl Einert, Das Wechselrecht nach dem Bedürfnis des Wechselgeschäfts im neunzehnten Jahrhundert (1839) 25 ff., 67, 77. Nach ihm „klingt" die Tratte nur wie ein Auftrag, ist nur dessen „äußere Form", das Akzept ist eine „Zugabe" zum Wechselakt des Ausstellers. Ähnlich dann der Begründer der Kreationstheorie Joh. Em. Kuntze, Deutsches Wechselrecht (1862) 55 und bei Endemann IV 2 93 f., der im Akzept einen „akzessorischen Wechselakt in formeller Abhängigkeit vom Grundwechsel" des Ausstellers, aber doch immerhin eine „Kompletierung der Tratte" erblickt. Vgl. auch Grünhut, Lehrbuch des Wechselrechts (1900) 131 f. — Noch einen Schritt weiter ging Achilles Renaud, Lehrbuch des Allg. Deutschen Wechselrechts, 3. Aufl. (1868), 134 § 37, der im Akzept eine selbständige Wechselverbindlichkeit erblickt, die weder durch ein dem Akzeptanten im Wechsel wirklich erteiltes Mandat noch dadurch bedingt sei, daß dieser der Form nach in der Tratte als Bezogener erscheine. Sie beruhe auf einem Vertrage des Vorlegers mit dem Akzeptanten, sei die Bejahung der in der Präsentation liegenden Anfrage (125 f. § 35). Wenn in der heutigen Wechselurkunde der Bezogene die „formelle Stellung eines vom Aussteller zur Zahlung der Wechselsumme Beauftragten" habe (122 § 32), so sei das nur ein formales Überbleibsel aus früherer Zeit, wo, wie sein historisch gerichteter Sinn nicht ver-

innere Abhängigkeit des Akzeptes von der Tratte, auf die früher besonders Thöl[20]) hingewiesen hat, nicht zu übersehen. Das Akzept ist wirklich nichts anderes als die Bejahung des Zahlungsauftrages des Trassanten.[21]) Wie nur der Adressat des Vertragsantrages den Vertrag durch Annahme zum Abschluß bringen kann, so kann auch nur der Bezogene und nicht ein beliebiger Dritter akzeptieren.[22]) Schon lange hat die

---

kannte, das schriftliche oder mündliche Akzept wirklich „die Annahme des im Wechselbriefe gegebenen Auftrags" gewesen sei (119 f. § 31). Im Banne der neuen Lehre, daß der Akzeptant „selbständiger Wechselschuldner" sei, hielt er somit, obwohl er in der Tratte einen Brief mit „Zahlungsauftrag" (118 § 30), „eine Urkunde, laut welcher der Aussteller eine andere Person beauftragt, einem Dritten eine Geldsumme zu zahlen" (48 § 11), eine Anweisung „mittelst geschriebenen Auftrags" (99 § 25) erblickte, dennoch diesen Auftrag für sachlich bedeutungslos.

[20]) Handelsrecht II, 4. Aufl. (1878), 93 § 19, 132 § 28, 147 § 33, 213 f. § 54, 240 f. § 67, 279 ff. § 81, 676 f. § 170.

[21]) Ebd. 267 ff. § 78.

[22]) Dafür, daß das Akzept des Nichtbezogenen allgemein abgelehnt wird, schon Goldschmidt, Zeitschr. f. Handelsr. 28, 94 Anm. 58 (Verm. Schr. II 103 Anm. 3). Ferner L. Volkmar u. S. Loewy, Die deutsche Wechselordnung (1862) 110 ff., Wächter 295 f., H. O. Lehmann 445, Brachmann bei Endemann IV 2 197, R. Frh. v. Canstein, Lehrbuch des Wechselrechts (1890) 270 § 19 Anm. 13, W. Bernstein, Allg. Deutsche u. Allg. Österr. Wechselordnung (1898) 124 mit dem Hinzufügen: „Dies entspricht dem Begriff der Annahme", Grünhut, Wechselrecht II (1897) 214 ff., Lehrbuch 241 f., Rehbein-Mansfeld 57 Anm. 9 zu Art. 21, K. Lehmann 651 Anm. 1, Hacmann 147 ff. Ältere Entscheidungen bei S. Borchardt, Die Allg. Deutsche Wechselordnung, 4. Aufl. (1865) 126 f. Zus. 240, neuere bei Bernstein und bei Karl Römer, Das Akzept des Nichtbezogenen, Tüb. Diss. (1912) 1, 27 ff., 39. Dort 41 ff. auch ein guter Überblick über die ältere Doktrin. Der Verfasser der gründlichen Abhandlung gelangt in folgerichtiger Durchführung der heute herrschenden Auffassung, die einen Vertrag zwischen Aussteller und Akzeptanten nicht annimmt, entgegen der fast einhelligen Ansicht von Theorie und Praxis zu dem Ergebnis, daß das Akzept des Nichtbezogenen gültig sei. Dagegen die Besprechung von O. Schreiber, Zeitschr. f. Handelsr. 73 (1913) 558 ff., mit der richtigen Begründung, daß dieses Ergebnis dem Grundgedanken des Wechsels, nämlich der Anweisung, widerspreche. Auch Römer muß übrigens anerkennen, daß das Akzept des Nichtbezogenen nicht entsprechend dem unbeschränkten Akzept des Bezogenen behandelt werden kann, weil es keine Einlösung des Versprechens des Wechselausstellers

Praxis den heute auch in der Theorie kaum noch bezweifelten Satz festgelegt, daß zwischen dem Bezogenen und dem Akzeptanten materielle Identität bestehen muß.[23]) Und ebenso wie das Akzept eines Nichtbezogenen ist auch das Mehrakzept ungültig.[24]) Soweit die Akzeptsumme die Trattensumme überschreitet, liegt eben kein Vertragsantrag vor, den der Bezogene hätte annehmen können. Es gibt keinerlei andere, auch nur einigermaßen zulängliche Erklärungen für diese Erscheinungen.[25]) Gewöhnlich begnügt man sich damit, sie mit der akzessorischen Natur des Akzepts zu erklären. Aber warum ist es akzessorisch? Das Indossament ist es, weil es als Übertragungsakt das in der Tratte verkörperte Wechselrecht voraussetzen muß und weil sich der Indossant für seine Person dem vom Aussteller abgegebenen Versprechen, daß der Bezogene trassiertermaßen zahlen werde, anschließt und damit die gleiche Regreßhaftung übernimmt. Das Aval ist als Bürgschaftserklärung akzessorisch. Der Akzeptant aber übernimmt eine bisher im Wechsel noch nicht enthaltene, also in jeder Richtung durchaus selbständige Verpflichtung. Und doch ist die Voraus-

---

enthalte; er will es daher — recht willkürlich — entsprechend dem beschränkten Akzept des Bezogenen behandeln (77 ff.).

[23]) Vgl. dazu neuerdings das Reichsgericht in Holdheims Monatsschrift für Handelsrecht u. Bankwesen 22 (1913) 250. Danach ist materielle Identität unbedingt erforderlich, während formelle Abweichungen unter bestimmten Voraussetzungen zulässig sind.

[24]) v. Canstein 273 Anm. 22. Vgl. hierzu besonders die gute Leipziger Diss. von C. R. Paulus, Wie ist das Mehrakzept wechselrechtlich zu beurteilen? (1909). Dort eingehendes Referat über die Literatur. Der Verfasser kommt mit der durchaus herrschenden Meinung zu dem Ergebnis (74 ff.), daß, mangels Zahlungsauftrages in Höhe des Mehrbetrages, das die Trattensumme übersteigende Akzept wechselrechtlich ungültig ist, daß dieses weder mit Thöl als eigener Wechsel, noch mit Grünhut, dem folgerichtigsten Vertreter der neueren Kreationstheorie, als einseitiger Skripturakt aufrechterhalten werden kann. Ebenso Tilike a. a. O. 16 ff. Für die Gültigkeit neuerdings Hacmann 157 f.

[25]) So tadelt denn auch H. O. Lehmann 111 vom Standpunkt der Begebungstheorie mit Entschiedenheit die von der Wechselordnung anerkannte Ungültigkeit des Akzepts eines Nichtbezogenen, in der er einen „unmotivierten Rest der Konsensualkontraktstheorie“ erblickt. Mit größerem Recht hätte er von „Literalkontraktstheorie“ sprechen können. Darüber unten II 3 c.

setzung für ihre Entstehung, daß seine Unterschrift und die des Ausstellers auf demselben Blatt Papier zusammenkommen. Das ist eine Abhängigkeit, die viel weiter geht, als die des Indossaments und des Avals. Denn diese beiden Wechselerklärungen können auch auf einer Kopie des Wechsels abgegeben werden. Die Akzessorietät erfordert nicht ein Zusammentreffen mit der Tratte auf einer Urkunde, sondern es genügt, wenn der Grundtext der Tratte in Abschrift in die neue Originalerklärung aufgenommen wird. Aber akzeptieren kann man nur das Original, nie die Kopie eines gezogenen Wechsels (Art. 21, 70 WO.).[26]) Die in Wechselform abgegebene Erklärung des Ausstellers selbst muß dem darin benannten Adressaten zugehen, damit er die darin enthaltene Offerte durch sein Akzept annehmen kann, damit der Formalvertrag zwischen beiden entstehe.

Wie ist es nun zu erklären, daß diese so naheliegende Konstruktion heute so allgemein abgelehnt wird? Das beruht auf der dogmengeschichtlichen Entwicklung im 19. Jahrhundert. In älterer Zeit ist kaum bezweifelt worden, daß das Akzept etwas anderes als die Annahme des Zahlungsauftrages des Ausstellers sei.[27]) Erst die Theorien von

---

[26]) K. Lehmann 650 § 140, Rehbein-Mansfeld 54 Anm. 2 zu Art. 21 und die bei Grünhut II 212 Anm. 14 Angeführten. Die von diesem selbst vertretene gegenteilige Meinung, die er als Einziger von Liebe übernommen hat, beruht auf der folgerichtigen Durchführung der Theorie des selbständigen Formalakts. Vgl. ferner neuerdings Roeper 48 f. und Wl. Wendland, Einiges über die Wechselkopie, Würzburger Diss. (1917) 22 ff.

[27]) Siehe dazu Einert 25 ff., der sich gegen diese den Juristen ganz natürlich scheinende Auffassung wendet, die er als zu seiner Zeit in Deutschland noch verbreitet und in Frankreich herrschend bezeichnet. Vgl. auch A.L.R. II 8 § 714, wonach, wenn der Aussteller selbst zu zahlen versprochen hat, ein eigener Wechsel, „wenn aber die Zahlung einem Dritten aufgetragen worden, ein gezogener Wechsel vorhanden" ist. Siehe jetzt auch Römer 41 ff. Aus der Praxis sei hervorgehoben als ein verhältnismäßig spätes Zeugnis das Urteil des Preußischen Obertribunals vom 19. Mai 1870 bei Striethorst, Archiv f. Rechtsfälle 78 (1871) 254, nach der das Akzept die Annahmeerklärung auf das „dem Acceptanten im Wechsel wirklich ertheilte Mandat" ist.

Einert[28]) und Liebe[29]) waren die Veranlassung dazu, die einzelnen Wechselunterschriften und so auch das Akzept aus ihrem

[28]) Dieser eröffnete sein im Jahre 1839 erschienenes, so überaus einflußreich gewordenes Buch über das Wechselrecht mit der Kampfansage gegen die Mandatstheorie, die „einzig und allein von der Form des trassierten Wechsels abgenommen" sei (27), welche äußerlich an einen Mandatsvertrag erinnere (25 ff., 29, 62 ff.). Die Auffassung, daß das Akzept eine Annahme des in der Tratte enthaltenen Mandats sei, sucht er dadurch zu widerlegen, daß er auf den Avisbrief hinweist, den der Aussteller regelmäßig dem Trassaten zusende und der in Wahrheit die Zahlungsaufforderung sei, während die Tratte ihn nur der Form nach enthalte. Für den Wechsel sei das unerheblich, da der Avisbrief und damit der Auftrag auch beim domizilierten eigenen Wechsel vorkomme. Materiell seien eigener Wechsel und Tratte identisch, nämlich ein einseitiges Zahlungsversprechen, und das Akzept nur eine „Zugabe zum eigenen Wechsel", „eine Bürgschaft, welche der Bezogene übernehmen soll" (77, 180 ff.). Wechselkontrakte gäbe es gar nicht (90 ff.). Vgl. dazu auch seine Ausführungen im Archiv f. Wechselrecht 6 (1858) 120 ff.

Durchgedrungen ist Einerts Meinung in dieser Richtung freilich nicht. Noch im Jahre 1851 konnte Ladenburg, Archiv f. deutsches Wechselrecht 1, 35, sagen: „Das Verhältnis des Ausstellers zu dem Bezogenen ist gleich dem des Anweisers zu dem Adressaten der Auftrag (mandatum, mandat). Hierüber waltete auch zu keiner Zeit ein Zweifel; man war allgemein darüber einverstanden." Ähnlich auch ebd. 9 (1860) 342. In Wahrheit hatte aber außer Einert auch schon Liebe, Wechselordnung (1848) 110 f. gelehrt: „Die Worte des Wechsels haben rechtlich einen Sinn, den sie nach dem gemeinen Verständnis gar nicht haben können. Sie lauten wie ein Zahlungsauftrag, aber sie bedeuten nicht, daß man dem Bezogenen etwas auftrage, sondern daß man dem Inhaber nach Wechselrecht dafür hafte, daß der Bezogene acceptiren und einlösen werde. Neben diesem Rechtssinne des Formalgeschäfts kann man den Sinn, den nach der gewöhnlichen Ausdrucksweise die Worte haben müßten, nicht in Betracht ziehen." Vgl. auch 91 f., 101 f.

[29]) Die Allg. Deutsche Wechselordnung (1848) XXIII ff., besonders XXXVIII; nach ihm „ist das Wechselgeschäft kein zweiseitiges Vertragsverhältnis", sondern „vielmehr ein Formalgeschäft". Die Darstellung bei H. O. Lehmann 157 f., Goldschmidt, Zeitschr. f. Handelsr. 28, 90 (Verm. Schr. II 99 f.) und Grünhut in dessen Zeitschrift 19 (1892) 273 ff., insbesondere 275 f. Anm. 11, Wechselr. I 252 Anm. 11, übersieht diese Stelle, die sich als die abschließende Formulierung der Liebeschen Theorie darstellt. Vgl. auch Liebe 60, 80, 92, 217 f., 224. Hier ist geradezu von der „Creirung des wechselrechtlichen nomen" durch den Aussteller die Rede, der den Wechsel „geschaffen hat". „Diesem nomen

Zusammenhang mit denen der übrigen Wechselbeteiligten herauszureißen und als einseitige oder doch wenigstens formal selbständige Akte zu betrachten.[30]) Auch die Praxis sowie die Vorarbeiten, besonders die preußischen, zur Allgemeinen deutschen Wechselordnung wurden dadurch beeinflußt. Dennoch hat sich diese auf den Standpunkt gestellt, daß das Akzept ein Vertrag zwischen Aussteller und Bezogenem sei, wie das Gesetz überhaupt vom Standpunkt der Vertragstheorie ausgeht. Nur wer sich durch Verträge verpflichten kann, ist wechselfähig (Art 1),[31]) und nur der Bezogene wird durch die Annahme, und zwar auch dem Aussteller gegenüber wechselmäßig verpflichtet, die von ihm akzeptierte Summe zur Verfallzeit an den Gläubiger zu bezahlen (Art. 23).

---

tritt der Bezogene durch die Acceptation als Mitverpflichteter bei" (92). Nebenbei bemerkt, wird man danach in Liebe den ersten Begründer der Kreationstheorie sehen müssen, nicht in Bekker, Jahrb. d. gem. deutschen Rechts 1 (1857) 367 ff., und Sachße, Zeitschr. f. deutsches Recht 17 (1857) 54 ff., wie Gierke, Deutsches Privatrecht II 109 Anm. 19, meint. Vgl. übrigens dazu E. Landsberg, Geschichte der Deutschen Rechtswissenschaft III 2 Text (1910) 629, 841.

30) K. Lehmann 602 ff. § 131.

31) Mit Recht macht Gareis 639 Anm. 3 gegenüber K. Lehmann 609 geltend, daß er und andere sich schon seit langem auf Art. 1, der erst im letzten Stadium der Gesetzesvorarbeiten die Vertragsfähigkeit an Stelle der Dispositionsfähigkeit gesetzt habe, in diesem Sinne berufen haben. Siehe darüber besonders C. Gareis, Die Creationstheorie (Würzburger Diss. 1868) 21 ff. Von einem Einverständnis darüber, daß die Wechselordnung über keine Theorie sichere Auskunft gebe, kann also in der Tat nicht die Rede sein. Was Goldschmidt, Zeitschr. f. Handelsr. 13 (1869) 345, und neuerdings Langen, Kreationstheorie 123 f., demgegenüber ausgeführt haben, daß nämlich die Wechselordnung nur sage, wer sich vertragsmäßig verpflichten könne, solle Wechselverbindlichkeiten eingehen können, ohne zu entscheiden, ob diese Eingehung als Vertrag oder als einseitiger Verpflichtungsakt zu denken sei, das trifft nicht den Kern der Sache. Muß doch Langen selbst anerkennen, daß sich heute die Wechselfähigkeit nach den Vorschriften über Vertragsfähigkeit und nicht nach der Fähigkeit zu einseitigen Rechtsgeschäften bestimme, ein Ergebnis, das zweifellos der Kreationstheorie widerstreitet, so daß der von Jacobi, Die Wertpapiere, 1. Aufl. (1901), 201 Anm. 2, erhobene Vorwurf der Inkonsequenz sicher gerechtfertigt ist. Vgl. auch oben 28 f. Anm. 46. Neuerdings hat Langen seinen Standpunkt wesentlich der Vertragstheorie angenähert; vgl. oben 27 Anm. 44.

Gegenüber aufgetauchten Zweifeln hat das Reichsoberhandelsgericht in einer seiner gelehrten, heute leider nicht mehr nach Gebühr gewürdigten Entscheidungen[32]) eingehend aus der Vorgeschichte des Gesetzes und aus dessen Geist und Wortlaut nachgewiesen,[33]) „daß die Form der Tratte sich notwendig an einen bestimmten Beauftragten wendet. Die Vorschrift des Art. 4 Nr. 7 der A.W.O. würde überflüssig sein, wenn auch das Akzept des Nichtbezogenen die wechselmäßige Verpflichtung eines Akzeptanten begründen könnte. Es gibt keine Tratten an unbenannte Akzeptanten, und wenn ein Nichtgenannter statt des Bezogenen „akzeptiert“, so kann er damit einen Auftrag nicht „annehmen“, weil ihm keiner erteilt ist“.[34]) Diese Entscheidung ist später vom Reichsgericht ausdrücklich gebilligt worden.[35]) In neuerer Zeit aber ist dieses von der Theorie eines Vertrages zwischen dem Aussteller und dem Akzeptanten abgekommen, indem es ausführte,[36]) daß die Wechselordnung in Art. 6 Abs. 2 den trassiert-eigenen Wechsel zulasse, bei welchem Aussteller und Bezogener dieselbe Person sei, „und bei welchem deshalb die Wirkung des Akzeptes aus einem Vertrage jedenfalls nicht hergeleitet werden“ könne. Dieses beruhe vielmehr ausschließlich auf der „einseitigen Willenserklärung des Bezogenen“. Das maßgebende Bedenken dürfte jedoch schwerlich durchgreifen; denn sicher ist der trassiert-eigene Wechsel eine Abnormität, von der nicht ausgegangen werden darf. Wenn ich mich selbst auffordere, an einen Dritten zu zahlen, auf diese Aufforderung hin die Erklärung abgebe, daß ich zahlen werde, und diese Erklärung in Skripturform dem Dritten aushändige, so liegt ein formales Zahlungsversprechen meinerseits an den Dritten vor, eingehüllt in die Form eines Vertrages mit mir selbst zugunsten eines Dritten. Der trassiert-

---

[32]) Entscheid. d. R.O.H.G. 15 (1875) 346 ff., Präjudiz des I. Senats vom 26. Januar 1875. Was die Dissertation von Römer 51 ff. dagegen vorbringt, ist nichts weniger als geeignet, ihren abweichenden Standpunkt zu begründen.

[33]) 358.

[34]) Ähnlich schon Siebenhaar, Archiv f. deutsches Wechselr. u. Handelsr. 14 (1865) 333 f.

[35]) Entsch. 10 (1884) 4, Erk. d. I. Z.S. vom 14. März 1883.

[36]) 24 (1890) 89 f., I. Z.S. vom 6. November 1889.

eigene Wechsel ist, wie heute auch zumeist angenommen wird, inhaltlich ein eigener Wechsel[37]) und nur formell eine Tratte.

Das Reichsgericht hatte übrigens, ehe es zu der Theorie des einseitigen Aktes gelangte, seinen Standpunkt schon mehrmals gewechselt, bald angenommen, daß der Akzeptvertrag ein Begebungsvertrag zwischen Akzeptanten und Präsentanten sei,[38]) bald in der Niederschrift des Akzeptes die Perfektion eines Vertrages des Ausstellers mit dem Bezogenen erblickt.[39]) In Entscheidungen aus neuerer Zeit ist die Theorie des einseitigen Aktes zum Teil ausdrücklich aufrecht erhalten worden;[40]) zum Teil ist aber auch eine vorsichtige Formulierung gewählt worden, die ihr zwar nicht widerspricht, aber doch einen gewissen Spielraum für die Konstruktion freizuhalten scheint.[41]) Hatte doch auch jene zur Kreationstheorie ab-

---

[37]) So schon Thöl II 629 f. § 159. Vgl. neuerdings J. Adler, Zeitschr. f. Handelsr. 65 (1909) 140 f., 148. Da demgemäß der Aussteller schon als solcher auf Zahlung haftet, hat das Akzept wesentlich nur die Bedeutung, den Anspruch gegen ihn vor Verjährung und Präjudizierung zu sichern, also eine durchaus formale Funktion.

[38]) E.R.G. 2 (1880) 90 f., 14 (1886) 23 f.; bezeichnenderweise beide Male anläßlich der Begebung eines Blankoakzepts, jedoch ohne Beschränkung auf solche.

[39]) 7 (1882) 120, 9 (1883) 59.

[40]) So besonders in dem Urteil des I. Z.S. vom 1. Juli 1903 in Holdheims Monatsschrift 12 (1903) 281, wo ausdrücklich der Passus aus E.R.G. 24, 90 wiederholt wird, daß das Akzept eine „einseitige von irgendwelchem Vertragsverhältnis unabhängige Skripturerklärung" sei, und betont wird, daß das Reichsgericht die Vertragstheorie aufgegeben habe. Die Ansicht des Berufungsgerichts, daß für die Gültigkeit des Akzepts auch im Verhältnis vom Akzeptanten zum Aussteller „nicht ein Mandatsverhältnis noch überhaupt irgendein materielles Schuldverhältnis zwischen diesen beiden Wechselbeteiligten erforderlich" sei, wird als nicht rechtsirrtümlich bezeichnet. Ebenso ist in der Entscheidung des II. Z.S. vom 31. Januar 1913, ebd. 22 (1913) 191, von „der vom Reichsgericht für das Wechselakzept vertretenen Kreationstheorie" die Rede.

[41]) Die Entscheidung bei A. Bolze, Die Praxis des Reichsgerichts in Civilsachen 11 (1891) 133 Nr. 269, betont lediglich, daß das einmal niedergeschriebene Akzept den Bezogenen verpflichtet, „auch wenn er den Wechsel noch nicht wieder aus der Hand gegeben hat". E.R.G. 70 (1909) 210 verweist zwar auf die in Anm. 40 wiedergegebene Entscheidung des

schwenkende Entscheidung von 1889 schon den Vorbehalt gemacht,[42]) das Akzept sei „mindestens dem dritten Wechselinhaber gegenüber völlig unabhängig von dem Rechtsverhältnis zwischen Aussteller und Bezogenem" und damit Raum für solche Erklärungsversuche gelassen, die, wie die Theorie des Vertrages zugunsten Dritter oder die Rechtsscheintheorie, das Recht des Dritten auf eine andere Grundlage stellen als das des Gegenkontrahenten. Diese wenig zielsichere Haltung des Reichsgerichts, die auch darin hervortritt, daß es für das Blankoakzept die Vertragstheorie beibehalten hat,[43]) wird offenbar auch in der Praxis empfunden. „Das Reichsgericht schwankt", sagen Staub-Stranz[44]) noch in der neuesten Auflage ihres Kommentars. Das ist gewiß kein erfreulicher Zustand bei einem der wichtigsten Institute unseres Rechtslebens.

Wenn man auf die Theorie des Reichsoberhandelsgerichts in neuerer Zeit nicht zurückgegriffen hat, so lag das hauptsächlich wohl daran, daß diese inzwischen infolge der logisch-korrekten Ausgestaltung, die sie durch Thöl erfahren hatte, in Mißkredit gekommen war. Dieser unterschied zweierlei Arten von Wechsel-

---

gleichen Senats von 1903, sagt jedoch ohne besondere Hervorhebung der Einseitigkeit nur: „Die Wechselobligation des Akzeptanten ist Skripturverpflichtung. Sie entsteht durch die Unterschrift, aber nur durch eine dem Wechsel entsprechende Unterschrift. Insbesondere steht in der Rechtsprechung, wie auch in der Rechtslehre fest, daß das Akzept des Nichtbezogenen eine Wechselverpflichtung nicht erzeugt." Und derselbe I. Senat stellt in E.R.G. 77 (1912) 140 f., obwohl nach dem Zusammenhang — es handelt sich um die Zulässigkeit des Selbstkontrahierens im Sinne des § 181 — ein Hinweis auf den Charakter des Akzepts als eines einseitigen Rechtsgeschäfts zu erwarten gewesen wäre, lediglich fest, daß das Akzept schon mit der Niederschrift bindend werde, und fügt hinzu: „Eines Begebungsvertrags zwischen Akzeptanten und Aussteller bedarf es zur Herbeiführung der verpflichtenden Kraft des Akzeptes nicht." Das hat beinahe den Anschein, als mißbillige das Gericht nicht die Auffassung als Vertrag zwischen diesen Personen an sich, sondern nur als Begebungsvertrag.

[42]) E.R.G. 24, 90. Sperrdruck in der Vorlage.

[43]) Ausdrücklich in der oben angeführten Entscheidung von 1913 bei Holdheim 22, 191 f. Auf diese Unterscheidung ist unten zurückzukommen.

[44]) Staub's Kommentar zur Wechselordnung, 8. Aufl. von M. Stranz (1912), 87 Anm. 1 zu Art. 21.

verträgen, Akzeptations- und Begebungsverträge.[45]) Im Akzept sah er die Annahme des Zahlungsauftrages des Trassanten und in diesem ein Mandat im römischen Sinne.[46]) Die Zahlung des Wechsels durch den Akzeptanten ist ihm Erfüllung des Mandats- und gleichzeitig des Begebungsvertrages, den der Akzeptant mit dem Gläubiger eingegangen ist.[47]) So kam Thöl dazu, dem Akzeptanten als dem Mandatar des Ausstellers entgegen der Wechselordnung einen Anspruch auf Deckung gegen diesen zu gewähren.[48]) Da er freilich nicht verkannte, daß der Deckungsanspruch niemals ein formeller Wechselanspruch sein könne, so sah er demgemäß auch in dem Wechselmandatsvertrage keinen eigentlichen Wechselvertrag, obwohl er den Deckungsanspruch für unabhängig von dem zugrunde liegenden Schuldverhältnis hielt.[49])

Dieses zweifellos nicht zu billigende[50]) Ergebnis hatte das Reichsoberhandelsgericht vermieden. Schon vor jener erwähnten grundlegenden Entscheidung hatte es erkannt,[51]) daß das Akzeptverhältnis kein zur Deckung verpflichtendes

---

[45]) II 228 f. § 61.

[46]) 239 f. § 66.

[47]) 272 ff. § 79. Auch der Begebungsvertrag des Trassanten bedingt und bestimmt den Zahlungsauftrag (240 § 67). Demnach fehlt nach Thöl auch der Zahlungsauftrag, soweit es an der Begebung der Tratte fehlt. So kann der Akzeptant gegen den Wechselnehmer die Einrede des mangelnden Begebungsvertrages geltend machen (280 § 81). Aus der Übernahme des Auftrags ist der Akzeptant dem Aussteller zur Zahlung verpflichtet; aus dem durch Begebung des Akzeptes abgelegten Wechselversprechen haftet er dem Nehmer und auch dem Trassanten (289 § 83). Alles in allem eine überaus kunstvolle, aber doch wohl auch gekünstelte Konstruktion.

[48]) 247 ff. § 71.

[49]) Ebd. und 258 ff. § 75.

[50]) Der Thölsche Standpunkt wird neuerdings nur von H. O. Lehmann 460 ff. § 117, vertreten, der (463) den Satz ausspricht: „Auf die Revalierung hat der Trassat aus der Erfüllung des in der Tratte liegenden Auftrags Anspruch mittels der actio mandati contraria." Nur weicht er insofern von seinem Vorgänger ab, als er — wenig folgerichtigerweise — nur die Zahlung und nicht die Akzeptierung als in Erfüllung des Auftrags geschehen ansieht.

[51]) Entsch. 7 (1873) 353.

Auftragsverhältnis und überhaupt kein Mandat im zivilrechtlichen Sinne sei.[52]) Wenn es damals allerdings dazu neigte, in der Tratte nur die Form eines Auftrages, die äußere Veranlassung zur Übernahme der Zahlungspflicht durch den Bezogenen zu erblicken, so hat es diese heute so beliebte Auffassung,[53]) wie gesehen, in dem späteren Urteil, das von dem gleichen I. Senat gefällt wurde, aufgegeben. Wir werden die Ansicht des Reichsoberhandelsgerichts dahin formulieren dürfen, daß die Tratte ein Antrag zu einem abstrakten formalen Wechselvertrag ist, gerichtet auf Übernahme einer Zahlungspflicht gegenüber einem Dritten, dem Remittenten oder seinen Rechtsnachfolgern, der durch das Akzept des Bezogenen angenommen wird. Diese Konstruktion des Akzeptvertrages als eines Vertrages zugunsten eines Dritten zwischen dem Aussteller und dem Bezogenen, die ich für richtig halte, wird neuerdings, soviel ich sehe,[54]) nur in einer Greifswalder Dissertation von

---

[52]) Diese Erkenntnis, die der alten Mandatstheorie den Todesstoß geben mußte, ist Einert zu verdanken. Schon dieser führte aus (96): „Läge in dem Wechsel ein Mandat vor und erginge dieses mit den Worten ‚Gegen diesen Wechsel zahlen Sie ꝛc.‘ an den Bezogenen, so gäbe es eine wechselmäßige actio mandati directa und eine wechselmäßige actio mandati contraria.“ Der Aussteller habe aber keine solche Klage. „Und darauf, dem einlösenden Acceptanten eine wechselmäßige Klage, die der actio mandati contraria nachgebildet wäre, aus dem bezahlten Wechsel wider den Aussteller zu gestatten, kann kein denkender Mensch verfallen.“ Ebenso 153 f. und mit weiteren Beweisgründen Archiv f. Wechselr. 6 (1858) 120, 142 ff.; vgl. auch Liebe 101 ff. Dennoch haben später, wie gesehen, Thöl und H. O. Lehmann diese Ansicht vertreten.

Daß übrigens die Theorie des R.O.H.G. keineswegs dazu führt, mit dem Auftragscharakter der Tratte zugleich auch den der Tratte als Anweisung fallen zu lassen, darüber vgl. O. Wendt, Das allgemeine Anweisungsrecht (1895) 107 f. und J. Adler, Zeitschr. f. Handelsr. 64, 181 ff.

[53]) Sie wird auch vertreten in der angeführten R.G.E. 24, 90, durch die die Vertragstheorie aufgegeben wurde.

[54]) Zwar faßt schon Carl Gareis, Die Verträge zugunsten Dritter (1873) 259 ff., wenigstens das Akzept der Tratte und Anweisung vor der Begebung an den Remittenten und Anweisungsempfänger sowie das der Tratte an eigene Order grundsätzlich als Verträge auf Leistung an Dritte auf, hält sie aber nicht für Verträge zugunsten Dritter im technischen Sinne, da dem Dritten kein Recht unmittelbar aus dem Ver-

Hans Lehmann,[55]) sowie von Carl Wieland[56]) vertreten, der sie aber wieder durch Hineinziehung des Kausalverhältnisses in das Wechselverhältnis verdunkelt. Doch Wielands Grundgedanke ist richtig: der Aussteller verspricht dem Remittenten die Leistung durch einen Dritten, den Bezogenen, und trägt zugleich diesem einen Vertrag auf Leistung an einen Dritten, eben den Remittenten oder dessen Rechtsnachfolger, an.

In der Geschichte des Wertpapierrechts spielt ja nun in der Tat das Gebilde des Vertrages zugunsten Dritter eine große Rolle.[57]) Doch ist diese Konstruktion heute weniger beliebt, da im modernen Recht die selbständige Stellung, die der Wertpapiergläubiger im Verhältnis zu seinem Vormann einnimmt, nicht mehr auf seine Eigenschaft als begünstigter Dritter, sondern auf die skripturrechtliche Wirkung des Wertpapiers zurückgeführt wird. Seit man in der Übertragung des Wertpapiers eine wirkliche Rechtsübertragung erblickte, mußte der Gedanke des Vertrages zugunsten Dritter allmählich mehr und mehr zurücktreten.[58]) Immerhin wird auch heute anerkannt, daß er keineswegs

---

trage erwachse, sondern erst durch eine Akzeptation seinerseits, die er in der Begebung an ihn erblickt, entstehe. Vgl. übrigens auch Hacmann 257.

[55]) Die rechtliche Natur des Wechselakzepts nach der geltenden Wechselordnung und nach der künftigen Weltwechselordnung (1916) 22 ff., 29 ff. Lehmann, der die ältere Literatur nur ganz lückenhaft benutzt, hat nicht bemerkt, daß die Theorie schon vor ihm vom R.O.H.G. vertreten wurde. Übrigens ist ihm auch entgangen, daß Wieland die Tratte nicht nur als Versprechen der Leistung durch einen Dritten, sondern auch als Versprechen der Leistung an einen Dritten auffaßt. Lehmanns Theorie kann insofern nicht befriedigen, als er (43 f., 45 f.) infolge Nichtverwertung des Rechtsscheingedankens genötigt ist, für den Fall der mangelnden Geschäftsfähigkeit des Ausstellers oder den der Fälschung seiner Unterschrift mit der Fiktion einer Willenserklärung zu arbeiten. Aus dem gleichen Grunde ist er nicht imstande, das Blankoakzept befriedigend zu erklären (26 f.) und rechnet mit der Möglichkeit, daß dieses im Gegensatz zum normalen Akzept nicht auf einem Vertrage beruhe.

[56]) Der Wechsel 198 ff., 227 ff.

[57]) Vgl. dazu noch neuerdings Freundt, Wechselr. II (1909) 83 ff., 132.

[58]) O. v. Gierke, Deutsches Privatrecht III 384 Anm. 30. Doch ist er neuerdings von Hans Lehmann 29 ff., 35 ff. für den Erwerb

jede Bedeutung für dieses Gebiet verloren hat.[59]) So können z. B. bei den sogenannten zivilen Orderpapieren, die das Gesetz als skripturrechtliche nicht gelten läßt, doch ähnliche Wirkungen, wie sie bei den skripturrechtlichen Wertpapieren kraft des Gesetzes entstehen, durch den Parteiwillen hervorgerufen werden. Wir werden in diesem Falle mit Hellwig[60]) anzunehmen haben, daß der Wertpapiervertrag als Vertrag zugunsten Dritter aufzufassen ist. Aber nicht nur in diesen Ausnahmefällen, sondern ganz allgemein ist diesem Gedanken eine weit größere Bedeutung für unser Rechtsgebiet beizulegen, als die herrschende Meinung in über das Ziel hinausschießender Folgerung aus der historischen Entwicklung anerkennen will. Es ist kein Zufall, daß neuerdings in gleicher Weise der Versuch gemacht worden ist, die Lehre von der abstrakten Natur des Wechsels, wie die von der

---

des Gläubigerrechts aus dem Akzept wieder so weit hervorgekehrt worden, daß demgegenüber die Transportfunktion des Indossaments völlig zurücktreten würde.

59) Jacobi 250 ff., 453 ff., 649 (zu 250).

60) Die Verträge auf Leistung an Dritte (1899) 233. Zustimmend Gierke II 145 Anm. 13. Auch Jacobi, Das Wertpapier als Legitimationsmittel (1906) 21 ff., der eine Reihe von Einwendungen gegen Hellwig erhebt, bestreitet nicht die Möglichkeit solcher Beredungen, meint jedoch, daß die Parteien selten Grund dazu haben werden und daß sie sich, wenn das der Fall sei, der technischen Orderpapiere bedienen würden. Aber einmal ist z. B. eine Orderanweisung auf einen Nichtkaufmann oder ein an Order gestellter Verpflichtungsschein eines solchen als technisches Orderpapier nicht möglich. Und anderseits wird die Frage gerade für den Fall der Konversion praktisch werden, wenn z. B. der Angewiesene irrig für einen Kaufmann gehalten wurde oder in der Tratte die Wechselklausel versehentlich weggeblieben ist. Die Befürchtung Jacobis, daß das selbständige Recht des Dritten auch dem bösgläubigen Erwerber zugute kommen und zu einer Durchbrechung der Regeln über den gutgläubigen Erwerb auch bei technischen Orderpapieren mißbraucht werden könnte, halte ich schon deshalb nicht für begründet, weil dieses Recht hier durchaus auf dem Parteiwillen beruht und dieser sicher nie den bösgläubigen Erwerber begünstigen wird. Auch ist ja, wie jetzt Jacobi selbst anerkennt, zwischen der Rechtsscheinwirkung und der des Vertrages zugunsten des Dritten, obwohl beide nebeneinander hergehen, zu scheiden. Ich vermute, daß er diese Bedenken, die er bei Ehrenberg IV 1, 473 nicht mehr wiederholt, heute nicht mehr hegt.

besonderen skripturrechtlichen Wirkung der Wertpapiere anzutasten. Beide Angriffe haben einen richtigen Grundgedanken, gehen aber ihrerseits wieder zu weit.

Gewiß wird man Wieland[61]) recht geben müssen, wenn er den oft gedankenlos nachgesprochenen Satz, daß das Kausalverhältnis gegenüber der Wechselforderung nicht geltend gemacht werden könne, anficht. Denn im Verhältnis zwischen den Wechselkontrahenten selbst kann auf Einwendungen aller Art, auch auf solche aus dem zugrunde liegenden Schuldverhältnis, zurückgegriffen werden. Abstrakt ist der Wechsel nur im Verhältnis zu Dritten; denn der Schuldner hat nicht nur dem ursprünglichen Gläubiger, sondern auch dem die Leistung versprochen, der das Papier durch Übertragung nach den Regeln von Orderpapieren von ihm oder einem seiner Rechtsnachfolger erwerben wird. Dieser hat ein selbständiges Recht aus dem Wechselvertrage, gegen das nach den allgemeinen Regeln über Verträge zugunsten Dritter (§ 334 BGB.), wenn der Wille der Parteien dahin gerichtet ist, nur Einwendungen aus dem Vertrage selbst geltend gemacht werden können. Beim Wechsel ist das kraft Gesetzes anzunehmen. Das Recht des Dritterwerbers ist also zwar von dem seines Vormannes abgeleitet, aber, wie Jacobi[62]) mit Recht feststellt, da er der durch den Vertrag Begünstigte ist, verstärkt. Es ist abstrakt geworden.

Wie einerseits Wieland zu viel sagt, wenn er die abstrakte Natur des Wechsels überhaupt leugnet, so geht anderseits J. Siegel[63]) zu weit, indem er auf Grund der hervorgehobenen Eigenschaft der Inhaber- und Orderpapierobligationen als abstrakter Verträge zugunsten Dritter auch alle die Wirkungen der Papiere erklären will, die wir als Rechtsscheinwirkungen auffassen.[64]) Schon der Ausschluß der Einrede der Bereicherung wird, wie Jacobi[65]) mit Recht betont, durch diese Theorie nicht

---

61) Wechsel, passim. 62) 250.

63) Archiv f. d. ziv. Praxis 111 (1914) 105 ff.

64) Nur den hierher gehörigen Sonderfall der Haftung aus der nicht begebenen Urkunde behandelt Siegel 126 ff. als Haftung aus der in der Ausstellung liegenden Kundmachung, die nicht Rechtsgeschäft, aber Teil einer zusammengesetzten Willenserklärung sei.

65) 251.

erklärt und ebensowenig die Tatsache, daß auch Einwendungen aus dem Vertrage, die nicht in die Urkunde aufgenommen wurden, gegen den gutgläubigen Erwerber nicht geltend gemacht werden dürfen. Hier greift der skripturmäßige Schein als eine besonders ausgestaltete Art der Rechtsscheinwirkung ein.[66])

Aber auch Jacobi erkennt noch nicht die selbständige Berechtigung beider Erklärungen nebeneinander, wenn wir jede auf ihr Feld beschränken, und die Bedeutung, die diese Unterscheidung für die Abgrenzung der verschiedenen Arten der Einreden und deren Voraussetzungen hat. Bis auf den heutigen Tag ist man zu einer befriedigenden Deutung des Art. 82 WO. nicht gelangt, weil man es versäumt hat, diese Scheidung vorzunehmen. Im Verhältnis zwischen den ursprünglichen Kontrahenten sind alle Einwendungen, auch die aus dem Kausalverhältnis zulässig, ebenso auch persönliche Einwendungen im Verhältnis zwischen Kläger und Beklagtem. Dritterwerbern gegenüber sind nur Einwendungen aus dem Wechselvertrage zulässig;[67]) alle anderen sind ausgeschlossen, soweit sie nicht in der Form der exceptio doli, als persönliche Einrede, geltend gemacht werden können, also wenn etwa der Wechsel erworben wurde, um dem Schuldner die Einrede abzuschneiden, daß er den Gegenwert nicht erhalten habe. Kenntnis des Erwerbers vom Vorhandensein der Einrede ist dagegen noch kein genügender Grund zu ihrer Erhaltung in der Person des Nachmanns. Zugunsten eines gutgläubigen Erwerbers aber bringt der Rechtsschein der Skripturform auch die Einwendungen aus dem Wechselvertrage zum Erlöschen, soweit sie sich nicht aus der Urkunde ergeben; ja selbst die Nichtigkeit oder das völlige Fehlen des Vertrages wird durch ihn geheilt. Das gleiche wie für den Wechsel gilt entsprechend auch für die anderen skripturrechtlichen Wertpapiere, die sämtlich ein abstraktes Versprechen zugunsten eines Dritten verbriefen und mit einem Rechtsschein ausgestattet sind.[68])

---

[66]) Jacobi 255 ff., vgl. auch Zeitschr. f. Handelsr. 72, 343.

[67]) So neuerdings auch Hans Lehmann a. a. O. 35, 50 f.

[68]) Es sind das nicht nur, wie Siegel a. a. O. annimmt, die technischen Orderpapiere und die Inhaberpapiere, sondern auch einige Rektapapiere, so nach § 784 BGB. die akzeptierte An-

Auch bei dem Wechselakzept ist daher an dieser dem Wertpapierrecht eigentümlichen Auffassung festzuhalten. Hier wirkt das Versprechen nicht nur zugunsten von Dritterwerbern, sondern schon zugunsten des gegenwärtigen Wechselgläubigers, der unmittelbar aus dem Akzeptvertrage berechtigt wird.

---

weisung, von der unten die Rede sein wird, sowie gemäß §§ 446, 651 HGB. auch Rektaladeschein und Rektakonnossement, worauf auch Jacobi 252 f. hinweist. Schon der gewöhnliche Frachtvertrag ist, wie neuerdings Siegel 119 nach dem Vorgange von Cosack, Lehrb. d. Handelsr. 437 § 117 II 3, und andere (siehe A. Ehrenzweig, Die Zweigliedrigen Verträge, 1895, 73 ff. und die dort in Anm. 2 Genannten), ausführt, ein Vertrag zugunsten eines Dritten, des Empfängers, dessen Recht jedoch gemäß § 435 erst mit Ankunft des Frachtgutes am Bestimmungsorte erwächst und mit Aushändigung des Frachtbriefes oder Klagerhebung seitens des Empfängers unwiderruflich wird. Wenn Siegel übrigens die Cosacksche Deutung der Absendererklärung im Frachtbrief als Anweisung an den Empfänger mit Rücksicht auf das Bürgerliche Gesetzbuch ablehnt, so ist an sich richtig, daß die Annahme hier nicht durch Skripturvermerk erfolgt, was auch Cosack nicht entgangen ist. Dennoch ist eine Anweisung, nicht nur im gemeinrechtlichen Sinne, gewiß vorhanden, wie der Parallelismus der Rechtsfolgen beim Wechsel und beim Frachtvertrag deutlich zeigt. In der Annahme des Gutes und des Frachtbriefs durch den Empfänger liegt gemäß § 436 die für diesen verpflichtende Annahme der Anweisung, die Fracht nach Maßgabe des Frachtbriefs sowie die daraus ersichtliche Nachnahme zu zahlen. Hier hat sich im lebenden Recht das, wie unten 71 zu zeigen sein wird, ursprünglich auch beim Wechsel anerkannte Akzept durch Annahme und Zurückbehaltung des Briefes erhalten. Wie der Aussteller des Wechsels nur Regreßschuldner ist, der nur dann haftet, wenn die Zahlung trotz rechtzeitiger Geltendmachung beim Akzeptanten und Protestation innerhalb der kurzen Protestfrist nicht zu erhalten war, so haftet auch der Absender aus dem Vertrage nur dann, wenn der Frachtführer seine Befriedigung weder beim Empfänger persönlich noch durch Geltendmachung seines Pfandrechts am Frachtgut innerhalb der nach § 440 III maßgebenden Frist von drei Tagen gefunden hat. Läßt der Frachtführer sein Pfandrecht verfallen, so sind wie beim präjudizierten Wechsel alle Regreßansprüche, auch die der Vormänner erloschen (§ 442 Satz 2). Nur der Anspruch gegen den Empfänger bleibt bestehen, wie beim Wechsel der gegen den Akzeptanten (§ 442 S. 3). Nur insofern besteht eine Abweichung vom Wechsel, als der säumige letzte Frachtführer, der seinerseits seine Regreßrechte gegen die Vormänner verloren hat, diesen für etwaige Ausfälle haftbar wird (§ 442 S. 1). Das erklärt sich aber

2. Das Akzept kein Wechselvertrag mit dem Vorleger.

Die Anhänger der Vertragstheorie, die nicht wie wir von einem Vertrage des Akzeptanten mit dem Aussteller zugunsten des Remittenten ausgehen, wollen gewöhnlich in dem Präsentanten den Vertragsgegner sehen. Ein Vertrag zwischen dem Bezogenen und dem Vorleger ist aber in dem Falle nicht konstruierbar, daß der Akzeptant nur unter Hinzufügung von Beschränkungen annimmt, da es dann am Konsens fehlt.[1]) Goldschmidt[2]) hat sich zwar bemüht, auch unter diesen Umständen das Zustandekommen des Vertrages zwischen dem Präsentanten und dem Akzeptanten als möglich darzutun; aber sein Ausweg ist nicht gangbar. Er meint,[3]) der Präsentant wolle, „wenn nicht ein illimitiertes Akzept zu erlangen sein sollte, lieber ein limitiertes, als gar keins, also eventualiter das erste". Doch selbst dann, wenn der Vorleger des Wechsels ausdrücklich erklärt hat, er wolle nur ein unbeschränktes Akzept und kein anderes,[4]) haftet der Bezogene, der trotzdem seinem Akzept eine Einschränkung hinzugefügt hat, gemäß Art. 22 II WO. nach dem Inhalt seines Akzeptes wechselmäßig.[5]) Nur in bezug auf den Regreß steht das Akzept einem verweigerten gleich. Die primäre Wechselverbindlich-

---

daraus, daß er im Gegensatz zum Wechselgläubiger zugleich fremde Rechte wahrzunehmen hat (§ 441 I). Vgl. dazu auch die Breslauer Diss. von H. Knappe, Haftungs- und Regreßbeziehungen beim Frachtvertrage (1914) 11 f., 57 ff.

[1]) Vgl. H. O. Lehmann 237 ff., 447 Anm. 12, und schon H. Siegel, Versprechen 136 f., ferner Grünhut in seiner Zeitschr. 19, 292 ff., Wechselr. I 275 f., Langen, Kreationstheorie 90, Festschr. 34 f. Anm. 94, 43 ff.

[2]) Zeitschr. f. Handelsr. 28, 95 ff. (Verm. Schr. II 104 ff.).

[3]) 97. Ähnlich jetzt wieder Jacobi 314.

[4]) Vgl. dazu Grünhut I 276.

[5]) Wenn O. v. Gierke, Deutsches Privatrecht III 317 Anm. 23, das unter Beschränkungen erteilte Akzept gemäß BGB. § 150 II als eine neue Offerte an den Präsentanten ansehen will, so würde doch auch nach dieser Auffassung ein Vertrag nicht zustande kommen können, wenn der Vorleger dieses Akzept nur unter ausdrücklichem Protest entgegennimmt. Die bloß tatsächliche Rücknahme des Papiers ist unter solchen Umständen doch keinesfalls Annahme des Antrages.

keit des Akzeptanten aber bleibt unberührt.[6]) Man kann daher auch nicht von „Haftung ex lege trotz Nichtannahme"[7]) sprechen.

Die Vorlegung zur Annahme ist überhaupt kein wesentlicher Bestandteil des Wechselvertrages.[8]) Das zeigt deutlich der Fall des Wechselblanketts, bei dem der Akzeptant als erster seine Unterschrift auf die Urkunde setzt, die dann später durch den Aussteller vervollständigt wird. Unsere Theorie vermag auch in diesem Falle den Vorgang einwandfrei zu erklären. Es handelt sich hier um die auch sonst bei Verträgen stets mögliche Umkehrung des Verhältnisses zwischen dem Offerenten und dem Oblaten; der Akzeptant ist in diesem Falle der Antragsteller, dessen Antrag vom Aussteller angenommen wird. Das Wechselblankett bereitet den

---

[6]) Vgl. dazu neuerdings Hacmann 158 ff., der auch das bedingte Akzept für gültig hält.

[7]) So Pappenheim, Zeitschr. f. Handelsr. 33 (1887) 449, der jedoch später, Krit. Vierteljahresschrift 44 (1903) 362, anerkannt hat, daß der Ausdruck „Haftung ex lege" unzutreffend sei. Vielmehr hafte der Akzeptant nach dem Inhalte seiner Willenserklärung; nur sei diese nicht eine „Annahme des Wechsels". In der Tat stimmt ja dann auch die Erklärung des Trassaten mit der des Ausstellers nicht völlig überein. Dennoch kommt ein Vertrag zwischen beiden zustande, soweit Willensübereinstimmung zwischen ihnen herrscht. Die Regel des § 150 II BGB., daß Annahme unter Beschränkungen keine Annahme, sondern Ablehnung, verbunden mit einem neuen Antrage ist, setzt voraus, daß die beschränkte Annahmeerklärung dem Antragsteller zugeht. Sie kann daher auf den Wechselakzeptvertrag keine Anwendung finden, der, wie unten 56 ff. zu zeigen ist, ein sonderrechtlich geregelter Literalvertrag ist. Das Akzept ist insoweit gültig, als übereinstimmende Erklärungen auf der Urkunde zusammentreffen. Entscheidend ist m. E. der Umstand, daß das Gesetz auch die beschränkte Annahme unzweideutig als Annahme bezeichnet.

[8]) So schon Thöl II 237 § 65 (vgl. 132 § 28, 260 f. § 76), sowie Grawein 123. Vgl. auch H. O. Lehmann 236 f. Was Goldschmidt a. a. O. für die Gegenmeinung vorbringt, zeigt doch nur, daß die Vorlegung die Regel bildet, nicht aber, daß diese erforderlich sei. Seine Ausführungen machen zum Teil einen sehr gequälten Eindruck, so wenn er etwa eine Vorlegung an sich selbst als negotiorum gestor des Gläubigers annimmt; vgl. den Fall unten 90 zu Anm. 2. Im älteren Wechselrecht kommt zudem die Präsentation nur bei Nichtmeßwechseln vor, nicht aber bei den durchaus vorherrschenden Meßwechseln. Vgl. Endemann I 177, 205 f. und unten 68 f.

übrigen Wechseltheorien bekanntlich besonders auch dadurch erhebliche Schwierigkeiten, daß der erste Nehmer des Papiers nicht mit dem Aussteller identisch zu sein braucht. Vielmehr kann das Papier durch mehrere Hände gehen, bis dann ein Inhaber als Aussteller zeichnet. Daß die Person dieses Ausstellers dem Akzeptanten bei der Vornahme des Skripturaktes unbekannt war, ist kein Hindernis für das Zustandekommen des Vertrages; die Akzepterklärung enthält nicht, wie die des Ausstellers, die Angabe eines bestimmten Adressaten, sie ist eine Offerte ad incertam personam. Als solche hat schon Sohm das Blankoakzept gekennzeichnet,[9]) nachdem er die Zulässigkeit solcher Offerten eingehend nachgewiesen hatte.[10]) Er betonte dabei ausdrücklich, daß nur die Offerte an eine unbestimmte Person ergehe, während der Vertragsschluß stets mit einer persona certa erfolge, nachdem inzwischen die Person des Annehmenden bestimmt geworden sei. Da er aber seine Abhandlung betitelt hatte „Über Vertragsschluß unter Abwesenden und Vertragsschluß mit einer persona incerta", so wurde in der späteren Literatur vielfach angenommen, daß er wirklich ein Zustandekommen des Vertrages mit einer noch unbestimmten Person für möglich halte, ein Standpunkt, der mit Recht meist abgelehnt wurde, aber neuerdings noch von Dernburg[11]) vertreten wird. Dieser Annahme bedarf

---

[9]) Zeitschr. f. Handelsr. 17 (1873) 72.

[10]) Ebd. 62. Vgl. dazu ferner Hellwig 243, v. Tuhr II 1, 461 f. und O. v. Gierke, Deutsches Privatrecht III 313, auch schon Entwurf eines BGB. 227 f. Die Theorie des Vertragsantrages an unbestimmte Personen ist neuerdings für das Wertpapierrecht verwendet worden von K. Cosack, Handelsrecht 226 ff. § 57, Lehrb. d. Deutschen bürg. Rechts II, 5. Aufl. (1912), 387, 423, indem er annimmt, die Ausstellung sei „Kreation" eines Vertragsantrages an alle künftigen Nachmänner des Schuldners bezw. Inhaber der Urkunde, der durch rechtsgeschäftlichen Eigentumserwerb am Papier angenommen werde. Vgl. jetzt auch v. Gierke III 316 Anm. 22. Dagegen besonders A. Langen, Festschrift für Zitelmann 38 ff. Vgl. auch Jacobi 249 f., 302 f.

[11]) Lehrbuch des Preußischen Privatrechts II, 5. Aufl. (1897), 29 ff. § 13, Das bürgerliche Recht II 1, 4. Aufl. (1909) 210 ff. § 81. Er nimmt an, daß dann ein anderer anstatt des noch unbestimmten Gläubigers für diesen annehme. Die Fälle, die er als Beleg dafür anführt, lassen sich jedoch alle aus der deutschrechtlichen Gebundenheit ans Wort erklären. So wird z. B. eine Offerte, wie unten 76 f. zu zeigen

es aber weder in unserem Falle, noch bei verwandten Erscheinungen.[12])

Schon bevor Sohm seine Theorie aufgestellt hatte, war die ihr zugrunde liegende Auffassung des Blankoakzepts in der Praxis des Reichsoberhandelsgerichts zur Geltung gekommen. In folgerichtiger Durchführung der Konstruktion des Akzeptes als eines Vertrages zwischen dem Akzeptanten und dem Aussteller erklärte dieses Gericht, das sich um die systematische Durchdringung unseres geltenden Wechselrechts so hohe Verdienste erworben hat, man könne „die Hingabe des Blankoakzepts als eine Vertragsofferte bezeichnen, welche der Akzeptnehmer durch die der Abrede gemäße Ausfüllung zu akzeptieren hatte".[13]) Dabei sei es zwar möglich, daß der Akzeptgeber nur zu dem Nehmer persönlich in ein Vertragsverhältnis zu treten wünsche; aber diese Beschränkung sei nicht zu vermuten; „dies widerstreitet vielmehr der Anschauung und Übung des Verkehrs, nach welcher dergleichen Blankotratten unausgefüllt durch zahlreiche Hände gehen und vielfach erst von demjenigen mit seinem Namen ausgefüllt werden, welcher dem ursprünglichen Nehmer die Valuta entrichtet. Nicht wie hin und wieder angenommen ist, z. B. vom Ob.-App.-Ger. Rostock (Entsch. desselb. ed. v. Buchka und Budde V S. 300), hat der Wechselgläubiger den unbeschränkten, unpersönlichen Verpflichtungswillen des Akzeptanten darzulegen, vielmehr ist umgekehrt davon auszugehen, daß, wer ein Wechselakzept in blanco abgibt, ohne sich erkennbar nur seinem Nehmer verpflichten zu wollen, die Person des Wechselausstellers bezw. Remittenten für gleichgültig

sein wird, dadurch dauernd wirksam, daß sie zugleich eine vertragsmäßig bindende Erklärung gegenüber einem Dritten ist. Hierher gehört auch der Fall des durch den Handelsmäkler gemäß § 95 HGB. unter Vorbehalt der Aufgabe der Gegenpartei vermittelten Vertrages. Der Vertrag mit der Gegenpartei kommt erst durch deren Annahme zustande; aber der Auftraggeber des Mäklers ist an die diesem in Gestalt des Auftrags übermittelte Offerte schon vorher gebunden.

[12]) z. B. bei der Auslobung, die m. E. gleichfalls Vertragscharakter hat. Die Ausführung des Werks ist Annahme der Offerte nur dann, wenn aus den Umständen der Wille erhellt, Gläubiger zu werden; sonst muß dieser Wille, ohne den die Forderung nicht entsteht, anderweit hervortreten. Doch wird durch die Ausführung der Antrag unwiderruflich (BGB. §§ 657, 658).

[13]) Entsch. 21 (1877) 329.

erklärt, daher Jedem haftet, welcher mit Bewilligung des Nehmers seinen eigenen Namen auf den Wechsel als Trassant bezw. Remittent gesetzt hat. Die Beweislast trifft auch hier denjenigen, welcher den Mißbrauch des Blankoakzepts behauptet".[14]) Damit ist unzweideutig das Blankoakzept als eine Offerte ad incertam personam gekennzeichnet, die durch Vervollständigung des Wechseltextes und Zeichnung durch den Dritten als Aussteller angenommen werde.

Auch das Reichsgericht hat in einer seiner älteren Entscheidungen[15]) mit dieser Konstruktion des Blankoakzepts als einer an den Aussteller gerichteten und von diesem durch Ausfüllung anzunehmenden Offerte operiert und darauf auch noch in einem Urteil aus neuester Zeit Bezug genommen,[16]) freilich ohne sich ausdrücklich darauf festzulegen und ohne die Frage zu berühren, ob diese Offerte auch an den noch unbestimmten Drittausfüller gerichtet sei. Doch hat ein Mitglied des Gerichtshofes[17]) sich vor etlichen Jahren die Konstruktion als Offerte ad incertam personam in vollem Umfange zu eigen gemacht. Nach Mansfeld kommt der Vertrag unmittelbar zwischen dem Dritten und dem Akzeptanten durch die Ausfüllung zustande. Er faßt diesen Vertrag als Begebungsvertrag auf. Das ist ja nun, wie oben gesehen, auch der in älteren Entscheidungen vom Reichsgericht vertretene Standpunkt. Für das Blankoakzept ist er niemals aufgegeben und auch nach dem Übergang zur Kreationstheorie[18]) festgehalten worden.[19]) Und in neuester Zeit hat das Reichsgericht ausdrücklich ausgesprochen,[20]) daß es die Theorie vom einseitigen Akt nur für das Akzept eines fertigen Wechsels aufgestellt habe. Das Blankoakzept dagegen sei ein Begebungsvertrag, also anders zu konstruieren als das Akzept einer vom Aussteller bereits fertiggestellten Tratte. Die für dieses angenommene Kreationstheorie

[14]) Ebd. 6 (1872) 51 unter Berufung auf eine größere Zahl von Vorentscheidungen deutscher Gerichtshöfe. Ebenso 14 (1875) 383.

[15]) ERG. 2 (1880) 91. [16]) 74 (1911) 353.

[17]) Mansfeld, Leipziger Zeitschrift 3 (1909) 181, 183.

[18]) 24 (1890) 89 f.

[19]) 33 (1894) 44.

[20]) Holdheim 22 (1913) 191 f.: „Nur wenn der Grundwechsel vollendet vorliegt, greifen die Erwägungen ein, die mit Rücksicht auf Art. 21 Abs. 4, Art. 22 Abs. 2 WO. zu der Annahme einer sofortigen Bindung des das Akzept schreibenden Bezogenen geführt haben."

erscheint also mehr als ein Notbehelf, dessen man sich nur soweit bedient, als die Begebungsvertragstheorie offenbar versagt. Befriedigend ist diese Doppeldeutung ganz gewiß nicht.

Daß der Vorleger der Tratte nicht der Gegenkontrahent sein kann, ergibt sich auch aus der in Art. 18 Satz 4 WO. anerkannten Regel, daß jedermann, der den Wechsel im Besitze hat, zur Präsentation legitimiert ist.[21]) Er braucht also weder geschäftsfähig[22]) noch der Wechselgläubiger zu sein. Auch ein Vertretungsverhältnis braucht nicht zu bestehen; der Präsentant beziehungsweise Wechselnehmer kann auch ein Bote eines beliebigen Interessenten sein, von dessen Persönlichkeit der Akzeptant gar keine Kenntnis zu haben braucht. Dieser hat auch gar kein Interesse an der Person des angeblichen Wechselnehmers, da er ja durch sein Akzept dem jeweiligen Wechselgläubiger verpflichtet wird. Schon Grawein[23]) hat mit Recht die Frage bejaht, ob das Gläubigerrecht in der Person des Wechseleigentümers entstehe, wenn der Dieb das Papier zum Akzept vorlege. Da der sogenannte Nehmer des Wechsels also gar keine Rolle in der Wechselobligation zu spielen braucht, so kann ein Begebungsvertrag ihm gegenüber als Entstehungsgrund für diese nicht in Betracht kommen. Und ebensowenig kann der Wechselgläubiger der Gegenkontrahent sein, da er weder selbst eine Erklärung abgibt, noch der Vorleger ihn zu vertreten braucht.[24])

3. Das Akzept als Literalvertrag.

Die Kreationstheorie pflegt sich, wie bekannt, mit in erster Linie auf Art. 21 IV WO. zu stützen, wonach das einmal erteilte Akzept nicht wieder zurückgenommen werden kann. In der Tat glaube ich, daß die Anhänger dieser Theorie insofern recht haben, als das Akzept bereits zustande gekommen ist, wenn der Annahmevermerk auf den Wechsel-

[21]) So schon Thöl II 260 f. § 76 und Brachmann bei Endemann IV 2 183 f.

[22]) Grünhut I 282.

[23]) 125 Anm.

[24]) Darüber, daß das Gläubigerrecht auch gegen seinen Willen zur Entstehung kommen kann, vgl. H. O. Lehmann 446 f. und den dort in Anm. 11 genannten Fall.

brief des Ausstellers gesetzt ist.[1]) Der Vertrag zwischen dem Aussteller und dem Akzeptanten kann nicht in der Form eines Begebungsvertrages, auch nicht durch Austausch von empfangsbedürftigen Willenserklärungen abgeschlossen werden, sondern er ist eine Art Literalkontrakt: Durch Zusammentreffen der beiden Wechselerklärungen auf dem gleichen Wechselbrief wird der Vertrag geschlossen und die Akzeptverpflichtung begründet. Das ist an sich keine Ausnahme von den allgemeinen Regeln unseres bürgerlichen Rechtes über den Vertragsschluß. Denn auch in unserm Falle ist der Antrag eine adressierte Willenserklärung und als solche dem Antragsgegner zugegangen, da dieser das Wechselformular mit der Unterschrift des Offerenten vor Augen haben muß, wenn er seinerseits seine Unterschrift darauf setzen will.[2]) Die Erklärung gegenüber dem Offerenten aber braucht nach § 151 BGB. nicht dem Antragenden gegenüber erklärt zu werden, wenn eine solche Erklärung nach der Verkehrssitte nicht zu erwarten ist.[3]) Nach der Verkehrssitte ist nun zweifellos nicht zu erwarten, daß der Akzeptant eines Wechsels seine Erklärung dem Aussteller als dem Offerenten zusenden wird. Auch könnte man auf die Analogie von § 152 hinweisen, wonach der in zwei notariellen Urkunden verbriefte Vertrag mit der Beurkundung der Annahme zustande kommt, handelt es sich doch auch hier um eine in zwei Akte gespaltene solenne Skripturform.

---

[1]) WO. Art. 21. Vgl. K. Lehmann 609, 652, Bernstein 128. Nach Goldschmidt, Zeitschr. f. Handelsr. 28, 84 (Verm. Schr. II 94) bildet der Art. 21 „die einzige, wenigstens anscheinende positive Stütze der Kreationstheorie". Dieser nimmt an, daß durch die Niederschrift ein Vertrag zustande komme (ebd. 85, 89 bezw. 95, 98), aber, wie oben 32 f. Anm. 8 gesehen, ein solcher mit dem Vorleger oder dem von ihm angeblich Vertretenen.

[2]) Mit Recht betont H. O. Lehmann 465, daß die Tratte ihrem regelmäßigen Wortlaut nach Bemerkungen zu enthalten pflegt, die keinen andern Zweck haben als den, dem Trassaten zuzugehn, da sie sich nur an ihn wenden, wie die Deckungs- und die Avisklausel: „Sind nun diese Bestandteile der Tratte inhaltlich an den Bezogenen gerichtet, so läßt sich füglich nicht das Gegenteil von ihren anderen Bestandteilen sagen, denn es liegt eine zusammenhängende Willenserklärung vor. Die Tratte wird also nicht nur der Form, sondern auch dem Inhalt nach an den Trassaten gerichtet."

[3]) So auch Hans Lehmann 24 f.

Doch ist das meines Erachtens nicht einmal erheblich. Auch wenn der Akzeptvertrag mit den allgemeinen Grundsätzen des Bürgerlichen Gesetzbuches nicht harmonierte, so hätte das nichts zu bedeuten, da es sich hier um eine viel ältere sonderrechtliche Bildung handelt, die auch heute noch durch Art. 21 WO. sonderrechtlich geregelt ist.[4])

Die Geschichte des Wechselakzepts ist noch nicht genügend erforscht, um den Gang seiner Entwicklung lückenlos darstellen zu können; indes genügt auch der gegenwärtige Stand unserer Kenntnisse, um den Zusammenhang mit dem römischen Literalkontrakt erkennen zu lassen. Daß die Bezeichnung „acceptum" der Terminologie des römischen Rechts entnommen ist, ist angesichts der Begründung der modernen Wechselrechtspraxis und -Lehre durch die Italiener höchst wahrscheinlich. Nun bedeutet aber „accipere" und „acceptum" in der römischen Rechtssprache niemals die Annahme einer Willenserklärung, eines Vertragsantrages, sondern nur den Empfang einer Leistung, insbesondere einer Zahlung.[5]) Erst infolge eines späteren Mißverständnisses der römischen Rechtsquellen sind die Worte „offerre" und „accipere" so umgedeutet worden, daß sie die Bedeutung „offerieren" und „akzeptieren" im heutigen Sinne erlangten.[6]) Aber in einer bestimmten Richtung hat das Wort „acceptum" schon im alten römischen Recht eine rechtsterminologische Bedeutung, und zwar im Sinne eines formalen rechtsgeschäftlichen Verpflichtungsaktes. Beim altrömischen Literalvertrag,[7]) der durch Eintragungen in die

[4]) Ähnlich O. v. Gierke, Deutsches Privatrecht III 289 f. Anm. 40, 317 Anm. 23, 873 Anm. 66. Vgl. die analogen Erwägungen bei Jacobi 146, 313, sowie seine etwas anders begründeten Ausführungen zum Akzept 317, 318 f., 650.

[5]) Ich verdanke diesen Hinweis meinem verehrten Fakultätskollegen Herrn Geheimrat Rudolf Leonhard. Vgl. Thesaurus linguae latinae I (1900) unter ‚accipio', insbesondere 321, 56.

[6]) S. Schloßmann, Der Vertrag (1876) 148, 156, 162, und dazu Regelsberger, Festgabe d. Gött. Jur.-Fak. f. R. v. Jhering (1892) 60 ff., auch R. Leonhard, Der Irrtum I, 2. Aufl. (1907) 33. Offerre wurde früher im Sinne von ‚ultro dare' in Beziehung auf liberale Zuwendungen gebraucht.

[7]) Vgl. dazu besonders G. E. Heimbach, Die Lehre von dem Creditum (1849) 309 ff., F. L. Keller, Institutionen (1861) 102 ff., M. Voigt, Abhandl. d. K. Sächs. Gesellsch. d. Wiss., Phil.-hist. Cl. 10

Hausbücher, den „codex accepti et expensi", abgeschlossen wurde, bedeutet „acceptum" zwar ursprünglich die wirklich empfangene Zahlung, die der Empfänger zwecks Tilgung oder Begründung einer Schuld dem Zahlenden gutschreibt; dann aber wird „acceptum referre" auch für die Eintragung der

---

(1888) 541 ff., L. Mitteis, Trapezitica, Zeitschr. d. Sav.-Stift. f. Rechtsgesch. 19 (1898) Rom. Abt. 231 ff., 252 ff., O. Karlowa, Römische Rechtsgeschichte II 1 (1901) 746 ff. § 66, F. Kniep, Gai Institutionum Comm. Tertius II (1917) 200 ff., P. F. Girard, Gesch. u. System d. röm. Rechtes, übersetzt von R. v. Mayr (1908) 538 ff., auch F. C. v. Savigny, Vermischte Schriften I (1850) 205 ff., 236 ff., Bähr, Iherings Jahrbücher 2 (1858) 408 ff., B. v. Salpius, Novation und Delegation (1864) 78 ff., J. Baron, Gesch. d. röm. Rechts I (1884) 215 ff. § 119, Schulin, Lehrb. d. Gesch. d. Röm. Rechts (1889) 340 ff., R. Leonhard, Institutionen d. röm. Rechts (1894) 415 f. § 134, R. Sohm, Institutionen, 15. Aufl. (1917) 532 ff. § 81, J. Binder, Der Justinianische Literalkontrakt, Studi in onore di Biagio Brugi (1910) 345 f., 354 (Sonderabdruck 7 f., 16). Neuerdings hat freilich Heck, Der altrömische Litteralkontrakt, Archiv f. d. Civ. Praxis 116 (1917) 129 ff., den Versuch gemacht, das ganze Institut des formalen Buchvertrages aus den Quellen wegzudeuten und an seine Stelle das umstrittene Libraldarlehen zu setzen. Die ‚literae' sind nach ihm formelle Urkunden, die bei dem Geschäft angewandt worden seien. Ich muß es den Fachgelehrten überlassen, zu dieser neuen Hypothese im einzelnen Stellung zu nehmen. Mich hat Hecks Beweisführung nicht von ihrer Richtigkeit überzeugt. Schon sein Ausgangspunkt, daß die „Buchungstheorie" von Savigny „sorglos" begründet und dann von den Neueren unbeanstandet übernommen worden sei, ist nicht richtig gewählt. Denn einmal ist die Theorie viel älter — Savignys Abhandlung von 1816 nebst dem Nachtrag von 1849 hat nur bestehende Zweifel beseitigt —, und ferner ist sie vielfältig nachgeprüft worden. Weiter ist nicht richtig, daß Savigny und seine Nachfolger von dem fremdartig wirkenden Bild einer einseitigen, materiell verpflichtenden Gläubigerbuchung ausgehen sollen. Savigny hat vielmehr schon in seiner ursprünglichen Abhandlung (221 f.) als möglich bezeichnet, daß sich die Buchung durch Zusammenwirken beider Teile vollzogen habe. Unter Umständen habe wohl auch nur der Schuldner das ‚acceptum' gebucht. Gewiß aber sei, daß der Creditor ohne den Willen des Schuldners diesen nicht durch ein expensum obligieren konnte. Allerdings war es, wie er später ausführte (236), „die Eintragung des Gläubigers (expensilatio), die das Wesen des Geschäfts ausmachte und ihm den Namen gab, nicht die Eintragung des Schuldners (acceptilatio), die jener entsprach". Vgl. dazu Karlowa 754 f., Kniep 203 f. und Mitteis 239 ff. Die Schuldnereintragung 'imaginaria solutio' verwendet, bei der ohne bare Zahlung mittels Bucheintrags eine Schuld durch Anerkenntnis des Schuldners begründet oder eine Schuld aus Konsensualvertrag durch Umbuchung in eine formale Buchschuld umgewandelt wird

schafft den Beweis der Zustimmung des andern Teils, kann jedoch als solcher auch durch andere Beweismittel ersetzt werden, so insbesondere, wenn der Vorgang sich vor Zeugen oder bei der Buchung des argentarius 'in foro' abspielte. Vgl. auch Mitteis 235 sowie Röm. Privatrecht I (1908) 294 Anm. 14. Form des Geschäfts war nur die Gläubigerbuchung, brauchte doch der Schuldner gar keine Bücher zu haben und konnte er vom Gläubiger doch jedenfalls nicht zur Eintragung gezwungen werden. Im Geschäftsverkehr der argentarii, der uns hier interessiert, wird sich natürlich regelmäßig Buchung und Gegenbuchung entsprochen haben. Bei den 'nomina transscripticia' nimmt zudem der Gläubiger selbst außer der Buchung des 'expensum' auch die des 'acceptum' vor, durch die die alte Schuld getilgt wird. Das Ausgehen von modernen Vorstellungskreisen, aus denen heraus Heck ständig operiert, halte ich methodisch nicht für zulässig. Ebensowenig ist sein Verfahren zu billigen, die Quellenstellen nicht aus sich zu deuten, sondern, wenn ein einzelner Ausdruck an anderer Stelle in anderer Bedeutung vorkommt, diese dann überall zugrunde zu legen. So bedeutet 'nomen' ursprünglich die Eintragung des Namens in den Büchern, dann die Forderung, die dort eingetragen wird. Heck glaubt (144), das Wort gelegentlich auch in der Bedeutung 'Urkunde über eine Forderung' nachweisen zu können, und setzt nun einfach überall nomen gleich Schuldurkunde, womit dann der Buchvertrag fallen muß. Auch die 'tabulae' müssen überall Urkunden sein, obwohl in der Rosciusstelle (134, 4) 'tabulae' offenbar gleichbedeutend mit 'codices' gebraucht wird (vgl. auch 'in tabulis debere' 142, 5). Dieser Beleg aus Cicero wird überhaupt allzuleicht von ihm abgetan (138). Cicero bestreitet die Beweiskraft des Bucheintrags dort deshalb, weil es sich nicht um den 'codex' selbst, sondern um die Kladde (adversaria) handelte; vgl. Heimbach 327, 368 ff., Karlowa 747. Hecks übertragene Deutung des 'transscribere' (147) endlich befriedigt wenig gegenüber der sinnlich-unmittelbaren des Hinüberschreibens von einer Seite auf die andere; Heimbach 350 f. Ebenso ist die Art, wie er Quellenstellen von verschiedenster Herkunft und Bedeutung ohne Unterschied nebeneinander verwertet, wenig geeignet, seine Beweisführung gegenüber dem angeblich an einem „offensichtlichen Fehler" leidenden Gedankengang der bisher herrschenden Meinung wirklich als „das methodisch korrekte Vorgehen" erscheinen zu lassen. Dankenswert sind seine Ausführungen jedoch gewiß insofern, als durch sie die Notwendigkeit einer abermaligen gründlichen Untersuchung der Materie dargetan wird.

(nomen transscripticium).[8]) Anfangs wird dabei für ‚acceptum referre' (den Empfang buchen) der Ausdruck ‚acceptum facere' gebraucht, der deutlicher darauf hinweist, daß die Zahlung nur fingiert wird (pecuniam acceptam facere). Besonders in Verbindung mit der Delegation war der römische Literalkontrakt und die daraus entspringende abstrakte Verbindlichkeit geeignet, zu Zahlungs- und Kreditoperationen in der Art unseres heutigen Wechsels verwandt zu werden.[9]) Doch verdient beachtet zu werden, daß nach dem umstrittenen Bericht des Theophilus eine mündliche Rede und Gegenrede mit dem Literalvertrage verbunden war.[10])

Man pflegt auf Grund der Angaben im Corpus iuris Justinians allgemein anzunehmen, daß das Institut in nachklassischer Zeit nur bei den argentarii sich erhalten habe und im Justinianischen Recht nicht mehr praktisch gewesen sei.[11]) Aus welchem

---

[8]) Karlowa 748 ff., 755 f., v. Salpius 83 ff., 87 ff., Mitteis 242 f., Kniep 207 ff., Baron a. a. O., Leonhard, acceptilatio, Pauly-Wissowa, Real-Encyclopädie I (1894) 138, K. H. Erman, Zur Gesch. d. röm. Quittungen (Berl. Diss. 1883) 24 ff., Voigt 552 ff. Nach Heck 147 sind die ‚nomina transscripticia' „Umschreibungsurkunden", wobei das ‚transscribere' die „Umwandlung der Obligation durch das Mittel der Schrift" bedeuten soll. Hecks Hinweis auf den heutigen Sprachgebrauch des Wortes ‚umschreiben' in § 806 BGB. greift jedoch fehl, da es sich an dieser Stelle um eine Umänderung des Urkundentextes handelt. Auch heute wird meines Wissens das Wort nicht in jenem übertragenen Sinne verwendet.

[9]) v. Salpius 92, Voigt 551.

[10]) v. Salpius 86; dieser, wie auch die meisten Späteren, ist freilich wenig geneigt, ihm Glauben zu schenken. Nur Bähr 411 f. hält für möglich, daß gerade Theophilus die „streng juristische Auffassung repräsentiert", während die übrigen Nachrichten, die nur auf die Buchung Gewicht legen, die allgemein menschliche oder kaufmännische Auffassung wiedergeben. Vor allem aber ist natürlich im Auge zu behalten, daß Theophilus über altrömisches Recht kaum Bescheid wissen konnte. Um so mehr Bedeutung wird man dem Bericht des hervorragenden Justinianischen Rechtsgelehrten beimessen müssen, wenn es sich darum handelt, das Wesen des im Handelsrecht seiner Zeit noch lebenden Buchvertrages zu ermitteln.

[11]) H. R. Gneist, Die formellen Verträge (1845) 405 ff., 513, v. Salpius 86, Baron 217, Keller 106 f., Voigt 575 ff.,

Grunde aber eine Einrichtung, die sich als verkehrstechnisch besonders geeignet gerade im Bankverkehr bewährt hatte, die im Geschäftskreis der argentarii „die dominierende Rolle spielte",[12]) später verschwunden sein soll, ist nicht recht ersichtlich. Das Buchführungswesen der Bankiers, das auch in Rom auf dorthin verpflanzter griechischer Handelsübung beruhte,[13]) ist ja länger bestehen geblieben als das römische Weltreich und liegt noch unsern heutigen Einrichtungen zugrunde. Die Forschungen über das mittelalterliche Handelsrecht der Mittelmeerländer, besonders auch Italiens,[14]) zeigen, daß damals eine reich ausgebildete Buchführung gerade der Bankgeschäfte bestand, die offenbar unmittelbar auf antike Vorbilder zurückgeht. Und daß da auch Zusammenhänge mit dem alten Literalvertrage bestehen, das drängt sich besonders bei Betrachtung des Giroverkehrs förmlich auf,[15]) dessen erstaunlich reiche Entwicklung im hellenistischen Ägypten neuerdings nachgewiesen wurde, der aber damals sicher nicht auf dieses Land beschränkt geblieben ist. Die im italienischen Mittelalter so verbreitete Girozahlung durch bloße Gutschrift — auch eine imaginaria solutio — war danach schon dem Altertum bekannt.[16]) Solche unverkennbaren Zusammenhänge zwischen dem altrömischen Institut und dem antik-griechischen Welthandelsrecht haben wohl Rabel zu der Erwägung veranlaßt, ob nicht auch das römische Hausbuch und damit der Literalvertrag griechischer Herkunft sein könnten.[17]) Er hat die Frage, wie zu erwarten war, verneint, da das Institut in dieser Form im Osten

---

Leonhard, Inst. 417, Sohm, Inst. 535, Binder 344 (6), Kniep 204; vgl. schon v. Savigny 220 f.

[12]) Lenel, Festgabe R. v. Jhering überreicht (Straßburg 1892) 78.

[13]) Rabel in Holtzendorff-Kohler, Enzyklopädie d. Rechtsw., 7. Aufl., I (1915) 463 § 66.

[14]) Vgl. unten sowie Goldschmidt, Universalgesch. I 82, 383 f.

[15]) Schon das einfache Gutschreiben der Kaufleute in laufender Rechnung bringt Bähr 408 f. mit dem älteren römischen Literalvertrag zusammen.

[16]) Friedr. Preisigke, Girowesen im griechischen Ägypten (1910) 186 f., vgl. auch 169, 170. Über Giroverkehr im antiken Recht siehe auch schon Mitteis, Trapezitica 250 ff.

[17]) a. a. O.

nicht nachweisbar, zudem anfangs gerade auf römische Bürger beschränkt war und „nur zögernd und teilweise den Peregrinen eröffnet" wurde. Es kann wohl auch nicht bezweifelt werden, daß die alten Hausbücher wirklich früh verschwunden sind; insofern handelte es sich um eine lokale römische Rechtseinrichtung. Aber der Literalvertrag durch Buchung im Bankbuch ist, wie Mitteis[18]) gezeigt hat, der dem modernen Verkehrsleben entsprechende neue Inhalt der alten zivilrechtlichen Form geworden, gerade auch für den Geschäftsverkehr der Privatleute.[19]) Er aber ist zugleich auch ein Institut des antiken Handelsrechts griechischer Herkunft, so daß man vielleicht eine Rezeption griechischer Rechtsgedanken unter Einschmelzung in die altrömische Form anzunehmen hat, eine Vermutung, die ich der Anregung von Herrn Kollegen Eberhard Bruck in Breslau verdanke.

Ferner ist die alte Streitfrage, inwieweit der römische Literalvertrag in der abstrakten Schuldurkunde des späteren Rechts fortlebt, wohl mindestens noch nicht entschieden.[20]) Als ein dem Wechselakzept ähnliches Formalgeschäft wurde früher die aus dem griechischen Recht stammende Syngraphe angesehen;[21])

---

[18]) Trap. 242.

[19]) Ebd. 243 Anm. 1.

[20]) Dagegen Gneist 405 ff. Dafür in neuerer Zeit Ph. E. Huschke, Die Lehre des römischen Rechts vom Darlehn (1882) 129 f. und neuerdings Kniep 204, 222 ff., 248, vorher schon Binder, Studi 345 ff., 356 ff. (SA. 7 ff., 18 ff.), der allerdings wohl zu Unrecht die Stipulation im Literalvertrage aufgehen läßt. Vgl. dazu neuestens Kniep 248 ff., siehe auch Sohm, Inst. 535 f. Anm. 3. Zustimmend Rabel a. a. O., ablehnend L. Mitteis, Reichsrecht und Volksrecht (1891) 496 und Zeitschr. d. Sav.-Stift. f. RG. 32 (1911) RA. 485, auch J. Siegel, Arch. f. d. Civ. Praxis 113 (1915) 8 f., 24 f., der jedoch (29 ff.) auf anderem Wege zur Annahme einer literarum obligatio durch Schuldurkunde gelangt. Ähnlich Kniep 248 ff. Im übrigen vgl. über die Literatur Binder 341 (3) Anm. 1—4; über die zum allgemeingriechischen Literalkontrakt siehe Mitteis, Grundzüge der Papyruskunde II 1 (1912) 118.

[21]) Besonders von Einert, über das Wesen und die Form des Literalcontracts, wie dieser zur Zeit der Justianeischen Gesetzgebung ausgebildet gewesen, und Vergleichung desselben mit dem Wechsel (1852) 76. Er betont vor allem auch den handelsrechtlichen Charakter des Instituts

doch hat schon Gneist[22]) die vorher besonders von Glück und Kraut vertretene Ansicht widerlegt, daß es sich hier um eine besondere Art von Schuldurkunden gehandelt habe, die mit der Unterschrift beider Kontrahenten versehen gewesen seien.[23])

Tatsache ist jedenfalls, daß auch bei den italienischen campsores des Mittelalters sich die besondere Wirkung der Bucheintragung erhalten hat, daß diese insbesondere beim Wechselakzept in Verbindung mit mündlicher Rede und Gegenrede als Form des Schuldbegründungsaktes erscheint und daß hier in der Tat der Literal-

und zieht die Aussprüche der Quellen über die römischen nomina transscripticia mit hinein, die er jedoch nicht auf die alten Hausbücher, sondern auf die Schuldurkunden bezogen wissen will (70 ff.). Vgl. auch Bähr, Iherings Jb. 2, 325 f. Aus neuerer Zeit ist zu nennen Grünhut I 22 f.; er bezeichnet Syngraphe und Chirographum geradezu als die ersten Erscheinungsformen des Wechsels. Auf ihn wieder verweist gegenüber den Freundtschen Forschungen E. Jung, Zeitschr. f. Handelsr. 49 (1900) 621. Über συγγραφή und χειρόγραφον vgl. Mitteis, Grundz. 53 ff., 55 ff., 72 ff. Danach ist jene eine objektiv stilisierte, vor sechs Zeugen errichtete Privaturkunde, während dieses subjektiv im Briefstil abgefaßt und zeugenlos ist. Unterschriften sind, wie auch sonst im Altertum, bei beiden Urkundenarten im allgemeinen nicht üblich. Vgl. auch Mitteis, Röm. Privatr. I 307 ff., Freundt, Wertpapiere I 33 ff., Partsch, Zeitschr. f. Handelsr. 70, 445 ff. Neuerdings hat Kniep 222 ff. die Ansicht aufgestellt, daß der Unterschied nicht sowohl in der Art der Beurkundung als darin liege, daß das Chirographum einfach, die Syngraphe doppelt bezw. mehrfach ausgefertigt werde (230). Sollte das richtig sein, so würde damit auf die Verwendung dieser Ausdrücke durch die italienischen Juristen für die beiden Arten des Wechsels ein neues Licht fallen. Sie wären dann offenbar identisch mit den heutigen kaufmännischen Bezeichnungen Solawechsel für den eigenen und Prima (Secunda usw.)-Wechsel für den gezogenen Wechsel. Der eigene Wechsel hieße chirographum, weil er stets nur einmal ausgefertigt wird, während die Tratte, die grundsätzlich in Duplikaten ausgestellt werden muß, den Namen syngrapha führte. Allerdings hat man diese Bezeichnung auch auf Urkunden mit zwei Unterschriften, wie akzeptierte Tratten, bezogen. Darüber unten.

[22]) 386 ff., 413 ff., besonders 417 f., 432, 475 ff.

[23]) Anderseits ist neuerdings nachgewiesen worden, daß Urkunden über zweiseitige Verträge tatsächlich die Unterschrift beider Teile trugen; Freundt, Wertpapiere I 62, Partsch 453 f.

vertrag durch Bucheintrag in einen solchen durch beiderseitige Unterschrift der Urkunde umgewandelt worden ist. Sowohl in Italien wie in Deutschland ist das Akzept denn auch wirklich unter die Kategorie der Literalverträge des römischen Rechts eingereiht worden. Inwieweit das auf Analogieschlüssen aus der Verwandtschaft beider Institute beruhte oder, wie ich glauben möchte, auf einen wirklichen historischen Zusammenhang gestützt werden konnte, das zu untersuchen ist hier nicht der Ort. Für das moderne Wechselrecht macht es auch keinen Unterschied, ob das Akzept seine eigenartige Ausgestaltung als Literalvertrag seiner wirklichen Verwandtschaft mit dem römischen Rechtsinstitut verdankt oder nur der Rechtsüberzeugung jener Zeit, in der das Institut seine charakteristische Ausprägung erhielt.

Die Zahlung durch bloßen Bucheintrag findet sich als bankrechtliches Institut im 13. bis 16. Jahrhundert in großer Verbreitung in den italienischen Stadtrechten, teils als einseitige Gutschrift, teils als Giroumschreibung.[24]) Die ‚partita di banco' genoß ‚publica fides'; die Eintragung im Buche des Bankiers stand der Zahlung gleich (pagare in banco) und durfte nicht zurückgewiesen werden. Ferner war es möglich, durch bloße Zuschreibung auf Bankkonto eine neue formelle Buchschuld zu begründen, die, wenn sie auf Grund einer Anweisung eines Drittschuldners erfolgte, diesen von seiner Schuld gegenüber dem Buchgläubiger befreite.[25]) Die italienischen campsores haben die Einrichtung dann über Europa verbreitet und insbesondere auch dem Zahlungsverkehr auf den großen Messen dienstbar gemacht.[26]) In der Coutume der Champagner

---

[24]) Endemann, Studien I 455, A. Lattes, Il diritto commerciale nella legislazione statutaria delle città Italiane (1884) 205 und dazu 226 f. Anm. 58—62, Goldschmidt I 322 ff., Lastig, Zeitschr. f. Handelsr. 23 (1878) 151 ff., A. Schaube, Handelsgeschichte der romanischen Völker (1906) 119, Freundt, Wechselr. I 116 ff.

[25]) Darüber jetzt besonders Freundt, Wechselr. I 119 ff., 131 ff., 140 ff.

[26]) Schaube a. a. O. 717.

Messen aus dem Ende des 14. Jahrhunderts[27]) wird eingehend geschildert, wie sich früher (anciennement), vor der völligen Ersetzung des Bargeldverkehrs durch Wechselakzept und Skontration,[28]) die Zahlung auf der Messe vollzogen habe. Jeder Kaufmann habe zu Meßbeginn sein Geld bei einem Wechsler hinterlegt und habe dann seine Zahlungen auf Grund mündlicher Überweisung in Gegenwart des Bankiers und des Zahlungsempfängers durch Vollzug von Buchvermerken geleistet.[29]) Beachtenswert ist dabei die Benutzung von Wachstafeln sowie die wechselseitige Buchung durch sämtliche Beteiligte auf der Debet- und Creditseite, die dem alt-

---

[27]) Mémoires présentés par divers savants à l'académie des inscriptions, 2. série, V 2 (1865) 352 f., vgl. Bourquelot ebd. 279 ff.

[28]) Dazu Goldschmidt, Zeitschr. f. Handelsr. 40 (1892) 1 ff. (Verm. Schr. II 225 ff.).

[29]) Der italienische Käufer habe beispielsweise zu dem Verkäufer aus Mecheln gesagt: Venez au change de tel changeur; je vous le feray créancier à respondre pour moy de cent livres que je vous doy ... Si aloient au change d'icelluy changeur et disoit li marchant d'Ytalye au changeur: respondez pour moy á ce marchant de Malines de cent livres que je luy dois. Lors le changeur luy en respondoit et ly créancier prometoit à payer ces cents livres, et faisoient leurs escrips en tables de cire, présent l'un et l'autre; et estoit cy escrips au table du costé et de la partye que les debtes que li changeur debvoit estoient escriptes, et de l'autre partye des tables estoient escriptes les deptes que l'on debvoit audit changeur; et sy tost comme li changeur avoit créancé pour Jacques de Florence cent livres à Baudouin de Malines, il escripvoit de telle autre partye des tables: Jacques, nobis pour [Baudouin] cent livres, et ainsy escrivoit àprès le premier escript desdites cent livres par manière de paie, et si escripvoit ainsy de celle part, que les debtes qu'il devoit estoient escriptes comment il devoit à Baudouin ... et pour certain fait pour Jacques de Florence cent livres. Et ledit Jacques de Florence et ledit Baudouin de Malines escrivoient ainsy pareillement en leurs tables, par quoy leur escript estoit pareil. Et par pareille manière se despendoient et despensoient li denier que l'en apportoit ès foires communement ...

römischen Literalvertrage sehr ähnlich zu sein scheint. Auch bei diesem wurden die nomina transscripticia wie bares Geld angesehen,[30]) bewirkte der Bucheintrag auf Grund der Delegation die Befreiung des ursprünglichen Schuldners und die Schaffung einer neuen formalen Buchschuld des neuen Schuldners.[31])

Es ist nun offenbar kein Zufall, daß gerade auf den Messen uns später das Wechselakzept in ganz ähnlicher Gestalt entgegentritt, sind es doch auch die gleichen wirtschaftlichen Zwecke, denen es diente. Der einzige Unterschied ist im Grunde der, daß der Kaufmann, der zur Warenmesse reist, sein Geld nicht mehr in bar mitbringt, um es dort beim Wechsler zu hinterlegen, sondern daß er es in der Heimat bei einem solchen einzahlt und dafür eine Tratte auf den Meßort erhält, die er dort nach erhaltenem Akzept wie bares Geld verwenden kann.[32]) Ebenso wird natürlich auf den großen Wechselmessen jede Barzahlung durch Wechselzahlung ersetzt. Über diesen Hergang sind wir für die wichtigste Wechselmesse,[33]) die 1537 zu Besançon gestiftet und im Jahre 1597 nach Piacenza verlegt wurde,[34]) eingehend unterrichtet durch die Berichte der beiden Klassiker des Wechselrechts, Sigismund Scaccia[35]) und Raphaele de Turri.[36])

Nach beiden Autoren ist dem Akzept des Meßwechsels eigentümlich und wesentlich ein Vermerk in dem Wechselbuch (Scartafaccio) des Bankiers. In dieses trug er, und zwar immer nur für eine Messe, alle auf ihn gezogenen, ihm avisierten Tratten und alle von ihm erworbenen Rimessen

30) v. Salpius 92.

31) Vgl. Goldschmidt a. a. O. Anm. 90, auch Zeitschr. d. Sav.-Stift. f. Rechtsgesch. 10 (1889) 389, 395 (Verm. Schr. II 200 f., 206).

32) Vgl. dazu auch Goldschmidt 77.

33) Vgl. aber auch über den entsprechenden Vorgang auf der Messe von Lyon Biener 111 f. und danach Wächter 3 Anm. 1. Dort wurde 1667 das schriftliche Akzept eingeführt.

34) Goldschmidt 237, Grünhut I 40.

35) Tractatus de commerciis et cambio (1618), hier benutzt in der Kölner Ausgabe von 1620.

36) Tractatus de cambiis (1041), hier benutzt in der Frankfurter Ausgabe von 1645.

ein, wobei es strafbar war, auch nur einen Strich zu ändern.[37]) Diese von dem Inhaber des Buches einseitig gemachten Eintragungen seiner Wechselforderungen und Wechselaufträge hatten, wie die in andern Handelsbüchern nur deklaratorische und beweisende, keine schuldbegründende Kraft.[38]) Anders steht es mit den Akzeptationen, die in öffentlicher Versammlung der Meßbesucher vor dem Meßgericht an den beiden ersten Tagen der Messe stattfinden.[39]) Diese geschehen ohne

---

[37]) Raphael 107, Disp. 2 quest. 1 num. 14: Scartafacium libri seu verius liberculi genus, quo utuntur mercatores in feriis tantum et ne mercatores quidem omnes sed ii tantum, qui sunt bancherii. In hoc liberculo adnotantur distincte omnes et quaecumque, tam tractae quam remissae, quae ad ipsum bancherium in dicta feria a quavis persona diriguntur, tam ipsi bancherio quam aliis mercatoribus, pro quibus is bancherius habet mandatum et de quibus, circumscripta quacumque litterarum cambii praesentatione, ipsi bancherii initio feriarum notitiam habent ministerio spachiorum et litterarum advisit. Vgl. 108 num. 15. Scaccia 333 § 2 gl. 4 num. 12.

[38]) Scaccia a. a. O., Raphael 183 Disp. 2 qu. 17 n. 7 ff., 188 n. 56 ff.

[39]) Scaccia a. a. O. n. 8, n. 9: Hoc tempore coram isto magistratu in prima et secunda die negotiorum expediuntur ea, quae concernunt universitatem, et publicum interesse negotiationis cambiorum; (n. 10:) nam in prima die coram Consule fiunt inter omnes mercatores acceptationes in propriis scartafacciis, et ab hora, qua incipiunt fieri, debet quilibet mercator infra horas 24 currentes acceptare, vel non acceptare, ad effectum, ut creditor possit, elapsis dictis 24 horis exigere, vel facere protestum. Raphael 108 Disp. 2 qu. 1 n. 19, 20: Acceptationes. Hoc verbum significat nedum factum ipsum, sed etiam tempus ipsum, quo fit. Initio namque cuiusque feriae bancherii omnes insimul conveniunt, in loco quodam apto cum suis scartafaciis, et incipiendo a primo et prosequendo per omnes usque ad ultimum, quilibet ex eis alta voce requirit, specificando summam et personas, ut sibi satisfiat de qualibet remissa sibi facta, sive ab eo cui facta fuit tracta sive ab alio quovis. Et quatenus ab eo, cui facta fuit tracta suscipiatur onus complendi tractam praedictam, vel ab aliquo alio, de dicta acceptatione scripturam dirigit in dicto scartafacio. Ebd. 151 Disp. 2 qu. 12 n. 1: Nam in conventu bancheriorum qui stato die celebratur, is cui dirigitur remissa, absque ulla actuali praesentatione litte-

wirkliche Präsentation der Tratte nach mündlicher Rede und Gegenrede durch Durchkreuzung oder tilgende Unterlinierung der betreffenden Eintragungen in den Wechselbüchern der Beteiligten oder durch Hinzufügung eines Vermerks in dem Buche.

Scaccia:[40]) et istae acceptationes fiunt in propriis scartafacciis, tam creditoris quam debitoris, lineante utroque per transversum partitam, quam creditor acceptat.

Der Vorgang[41]) kann nicht anders verstanden werden, als dahin, daß die in den Büchern beider Beteiligten stehenden Posten auf Grund eines zumeist natürlich fingierten Bekenntnisses des Akzeptanten, Valuta erhalten zu haben, getilgt werden und daß so an die Stelle der schuldrechtlichen Beziehungen zum Aussteller eine neue Forderung des Wechselinhabers gegen den Akzeptanten tritt.[42]) Das ganze sieht der römischen Delegation durch Literalvertrag zum Verwechseln

---

rarum, alta et intelligibili voce pronunciat et requirit acceptationem dictae remissae; tunc is, cui dirigitur tracta, consentit et alta pariter voce dicit, se eam acceptare, et tunc de dicta praesentatione et acceptatione respective fit quoddam signum in scartafacio utriusque, quod signum est quaedam linea parva, quae ducitur in scartafacio utriusque ad partitam in eis notatam, in qua fit mentio expressa de dicta tracta remissa, et dicta parva linea ducitur sub nota illa, quae denotat scutos ipsos . . . Vgl. auch 407 zu Meßordnung Art. 4.

[40]) a. a. O. n. 10. Vgl. auch 383 § 2 gl. 5 n. 332: acceptatio fit in nundinis . . . per lineam. Vgl. Raphael a. a. O.

[41]) Vgl. dazu auch Biener 46, 49 f., 108 f., W. Endemann, Studien I 175 ff., 206, 320, Grawein 85 f., Grünhut I 66 f., Goldschmidt, Zeitschr. f. Handelsr. 28, 85 (Verm. Schr. II 95 f.).

[42]) Diese neue Forderung setzt zwar den Wechselbrief voraus, ist aber, da sie nicht auf Wechselunterschrift beruht, keine wertpapiermäßig verbriefte Forderung. Zu einer solchen hat sich das Recht aus dem Akzept erst allmählich später entwickelt. Ursprünglich ist das Anerkenntnis im Buch das wesentliche. Und insofern dürfte Lastig, Zeitschr. f. Handelsr. 23, 169 ff., mit seiner Aufdeckung der nahen Beziehungen

ähnlich. Dieses älteste Akzept trägt offenbar seinen Namen von dem Akzeptvermerk in den römischen Hausbüchern und ist inhaltlich eine Schuldübernahme (expromissio) mit befreiender Wirkung für den Aussteller.[43]) In der Tat galt denn auch im Mittelalter und bis in das 16. Jahrhundert allgemein der Grundsatz, daß das Anweisungsakzept, insbesondere im Falle seiner Verbindung mit dem Bucheintrag, als Zahlung gelte.[44]) Und beim Wechselakzept ist es nicht anders.[45])

Allerdings sind hier die verschiedenen Formen zu scheiden. Nach Scaccia[46]) kommt das Akzept durch Buchvermerk nur bei Meßwechseln vor, die jedoch seit dem 14. und 15. Jahrhundert durchaus die vorherrschende Wechselart darstellen,[47]) während außerhalb der Messe ein anderer schriftlicher Formalakt, das notarielle Akzept oder der handschriftliche Akzeptvermerk auf dem Wechselbrief üblich ist. Daneben kommt bei Meß-

---

zwischen Tratte und Bucheintrag in der Tat Recht haben, wenn seine Ergebnisse auch im einzelnen auf Grund der Nachweise von Goldschmidt I 432, 423 Anm. 96 zu berichtigen sind. Tatsache ist jedenfalls, daß die Wechselziehung vielfach nur dem Zweck der Überweisung von Buchforderungen diente. Aber Tratte und Bucheintrag sind nicht identisch, wie Lastig meinte. Eine andere Frage ist es, ob das von Schaube, Zeitschr. f. Handelsr. 43 (1895) 17, für das dreizehnte Jahrhundert nachgewiesene Verfahren, „daß auf Grund bloßer Buchung im Meßkonto unter nebenhergehender Avisierung Zahlung an auswärtigen Plätzen zu leisten ist", als ein Vorläufer der Trattenziehung anzusehen ist, was auch Schaube annehmen möchte. Über Eintragung von Wechseln in Meßkonten vgl. diesen ebd. 11 ff. Ebenso erfolgte auch die Eintragung von Zahlungen auf den Messen in amtliche Meßbücher, ebd. 22 f.

[43]) So schon L. Jacobi, Archiv f. d. Wechselrecht 10 (1861) 348, und noch für das heutige Wechselakzept Leonhard, Inst. 416 Anm. 3.

[44]) v. Salpius 485 f., Endemann 324, 457, Goldschmidt 322 f.

[45]) v. Salpius 486 f., Biener 32 vgl. 87, Endemann 318 ff., 324, 455, Goldschmidt 455. Anderseits bedeutet die Verweigerung des Akzepts Verweigerung der Zahlung; Biener 108, Grünhut I 69.

[46]) 383 § 2 gl. 5 n. 332—5. Vgl. Raphael 151 Disp. 2 qu. 12 n. 1.

[47]) Grünhut I 84, 136.

wechseln und Nichtmeßwechseln ein Akzept ‚expressis verbis', also durch förmliche mündliche Erklärung, sowie ein stillschweigendes Akzept durch Annehmen und Zurückbehalten des Wechselbriefes vor.[48]) Dieses formlose Akzept jedoch hat nicht die Wirkung des Formalaktes: es steht nicht der Zahlung gleich und befreit den Aussteller nicht.[49]) In der Tat kann gemäß der mittelalterlichen Theorie von der ‚epistola' die Annahme des Briefes durch den Adressaten für diesen eine Verpflichtung begründen;[50]) aber sie ist keine Zahlung. Eine solche ist nur das Akzept durch Literalvertrag, durch den der

---

[48]) Freundt, Wechselr. I 106, hält dieses für die älteste Art des Wechselakzepts. Träfe das zu, so würde der Name des Instituts nicht, wie oben angenommen wurde, von dem Empfangsbekenntnis hinsichtlich der Valuta, sondern von dem Empfang des Briefes abzuleiten sein. Doch betont Freundt selbst, daß diese Akzeptform erst in einer Zeit nachweisbar ist, in der auch das schriftliche Akzept auf der Tratte sich schon findet. Das zweifellos ältere Akzept durch Bucheintrag aber ist ihm ganz entgangen, weshalb er auch den ältesten literarischen Zeugnissen über das Akzept nicht gerecht wird. Darüber unten Anm. 52.

[49]) Scaccia 371 § 2 gl. 5 n. 244. Dort stellt er auf Grund der Statuten von Genua und der Ansicht älterer Autoritäten als die zutreffende Ansicht, an der er trotz der Argumente einer-Gegenmeinung (n. 246) festhält (372 n. 248, vgl. 381 n. 315), die folgende auf: quod de stylo, si is, cui praesentantur literae cambii, ut eas solvat praesentanti, scribat in suo libro ipsum praesentantem, sic volentem, pro creditore ipsius scribentis, illa promissio stat loco solutionis quoad eum qui fecit literas cambii; secus autem si literae sint solum acceptatae et retentae ab eo, ad quem missae sunt, quia haec acceptatio et retentio habent quidem vim promissionis, ut acceptans reputetur sponsor, sed non habent vim solutionis, ita ut debitor, qui literas fecit, sit liberatus . . . Vgl. auch die von Kohler, Archiv f. Bürgerliches Recht 41 (1915) 435 ff., angeführten weiteren Stellen, die sämtlich von dem formlosen Akzept durch Empfangnahme des Briefes handeln. Kohler kommt dadurch zu der irrigen Meinung, daß Scaccia bereits der neueren Doktrin huldige, die die befreiende Wirkung auch des skripturrechtlichen Akzepts leugnet.

[50]) v. Salpius 479, Endemann I 317 f., Freundt, Wechselr. I 102 ff. Auch in deutschen Wechselordnungen hat sich das Akzept durch Zurückbehalten des Wechselbriefes lange erhalten; Grünhut I 157 f. Anm. 13, A. L. R. II 8 § 993.

Akzeptant anerkennt — wenn auch nur im Wege einer Fiktion[51]) — Valuta empfangen zu haben, so daß nunmehr zur Rückzahlung des Empfangenen nicht mehr der Aussteller verpflichtet ist, sondern der Akzeptant, wie wenn er selbst wirklich der Empfänger gewesen wäre.[52])

---

[51]) Bei den ältesten Tratten ist übrigens beachtenswerterweise eine solche Fiktion nicht erforderlich; denn bei ihnen standen, wie Schaube, Sav.-Zeitschr. 14, 142 f., nachgewiesen hat, Trassant und Trassat regelmäßig in einem Gesellschaftsverhältnis zueinander, so daß der Empfang der Valuta durch jenen in der Tat auch für diesen eine Zahlungspflicht begründete. Vgl. dazu auch Freundt, Wechselrecht I 56 f. Anm. 1 a. E., 100, 103 ff. Das erklärt, wie Schaube ausführt, das späte Aufkommen des Akzepts, zumal man sich auch weiterhin der Trattenform nur im engeren Kreise der Geschäftsfreunde bediente, wo man der Honorierung völlig sicher zu sein glaubte. Auf den Messen aber war die Erklärung der Zahlungsbereitschaft offenbar schon der andern Meßbesucher wegen unumgänglich, da hier die Tratten als Zahlungsmittel von Hand zu Hand gingen. Das Akzept war hier Bedingung für die Zulassung zur Skontration; vgl. Biener 109, Grünhut I 67. Somit mußte auf den Messen das Akzept auch bei Gesellschaftertratten und trassiert-eignen Wechseln üblich werden. Übrigens wird außerhalb der Messe das Akzept nach den Nachweisen Schaubes, Zeitschr. f. Handelsr. 43, 38 f., zum Teil auch durch einen vorher vom Bezogenen ausgestellten Kreditbrief ersetzt, der als „ein vorweg gegebenes Akzept" aufgefaßt werden kann.

[52]) L. Jacobi a. a. O. Neudings hat Freundt, Wechselr. I 112 ff., den Versuch gemacht, die oben vorgetragene herrschende Ansicht, daß das Akzept ursprünglich befreiende Wirkung für den Aussteller gehabt habe, zu widerlegen. Doch gehen seine Schlüsse, trotz aller aufgewendeten Gelehrsamkeit, fehl, da er das Akzept durch Bucheintrag nicht kennt. Seine Belege aus den Schriften der Postglossatoren bestätigen im Gegenteil den hier vertretenen Standpunkt, daß gerade das Akzept durch Literalvertrag diese besondere Kraft hat, während er zu dem Ergebnis gelangt: Nicht das Akzept, sondern der Bucheintrag befreit. Besonders lehrreich sind die von ihm (121—130) eingehend besprochenen Stellen aus Schriften und Consilien, die im Mittelalter und später für die Lehre vom Akzept verwertet wurden, während Freundt nicht erkennt, inwiefern sie oder die dazu allegierte Literatur denn eigentlich vom Akzept handeln sollen. Komme es doch immer nur darauf an, daß der Bezogene eine ‚promissio per partitas librorum' abgelegt habe („in libris suis se fecit debitorem"). In Wahrheit handeln Bartolus wie Baldus in den angeführten Stellen vom Akzept durch Bucheintrag. Und daraus ergibt sich wieder, daß dieses

Auf diese Schuld wurden denn auch von den Juristen die Regeln der römischen Literalobligation angewandt, insbesondere hinsichtlich des Ausschlusses der exceptio non numeratae pecuniae.[53]) Als Literalvertrag wurde damals ferner natürlich nicht nur das Akzept durch Bucheintrag, sondern auch das handschriftliche Akzept auf der Urkunde aufgefaßt: die Wechselakte waren alsdann Zahlungen durch Literalverträge im neueren Sinn „datis et acceptis solum chirographis aut symgraphis".[54]) Und die Delegation durch Verbalvertrag (Stipulation)[55]) scheint man den schriftlichen Formalverträgen in der Wirkung gleichgestellt zu

---

älter sein muß als die andern Formen der Annahme, die sich erst gegen Ausgang des 14. Jahrhunderts nachweisen lassen. Auch Kohler, Arch. f. Bürg. Recht 41, 433 ff., hat, wenn er sich auch die These Freundts nicht zu eigen gemacht hat, doch nicht erkannt, daß der Bucheintrag hier nur eine Form des Akzepts darstellt. Auf das rein negative Ergebnis der Freundtschen Akzeptforschungen weist übrigens E. Heymann, Deutsche Literaturzeitung 21 (1900) 2164 f., hin. Für weniger glücklich halte ich es freilich, wenn dieser die Haftung gerade des Akzeptanten auf die germanische traditio cartae zurückführen will, so wenig ich im übrigen die Brunnerschen Ergebnisse für das germanische Recht als durch die Freundtschen Forschungen widerlegt erachte.

[53]) Vgl. dazu Endemann I 312, 321 ff., auch Grünhut I 35, Kohler a. a. O. 430, zum römischen Recht Huschke 131 ff., Binder 345 (7) ff., 356 (18) ff., J. Siegel a. a. O. 26 ff., Kniep 228 f., 260 ff., Girard-Mayr 546 ff.

[54]) Scaccia 333 § 2 gl. 4 n. 12 a. E. Daß die verpflichtende Wirkung der kaufmännischen Skriptur sich in Anlehnung an die der Handelsbücher entwickelt habe, erkennt Freundt, Wechselr. I 62, 94, selbst an.

[55]) Als solchen wird man die Akzeptation ‚expressis verbis' auffassen müssen; eine bloß ausdrücklich erklärte, aber gänzlich formlose Annahme hätte von der Wirkung der acceptatio tacita sich nicht unterscheiden können. In der Tat war ja nun auch die Stipulation auch im späteren Recht die durchaus übliche Form der Annahme einer Anweisung; v. Salpius 211 ff., 481, O. Wendt, Das allgemeine Anweisungsrecht (1895) 163 ff. Daß sie bis in die späteste Zeit auch Verbalvertrag geblieben und trotz der Verwendung der Stipulationsklausel in Urkunden nicht im Literalvertrag aufgegangen ist, betonen gegen Binder a. a. O. J. Partsch, Zeitschr. f. Handelsr. 70, 461 ff., und J. Siegel, Arch. f. d. Civ. Praxis 113 (1915) 9, 24 f.

haben.[56]) Doch verdrängte das schriftliche Akzept die andern Formen mehr und mehr.[57]) Schon Artikel 4 der Meßordnung für Besançon-Piacenza[58]) läßt neben dem Akzept mittels Tilgungsstrich in den Wechselbüchern das handschriftliche Akzept zu und verpflichtet den Trassaten, der akzeptiert, ein solches zu geben, wenn es der andere Teil verlangt. So gewöhnte man sich daran, in der Unterschrift des Akzeptanten das Zeichen der Perfektion des Akzeptvertrages zu erblicken und verknüpfte mit ihr die Wirkungen, die nach dem älteren Recht durch Akte verschiedener Art hervorgerufen werden konnten. Die Unterschiede zwischen diesen wurden übrigens auch dadurch verwischt, daß seit Raphaele de Turri[59]) im Gegensatz zu der früher herrschenden Meinung und zu dem Rechte der Anweisung[60]) beim Wechselakzept die für den Aussteller befreiende Wirkung nicht mehr anerkannt wurde.[61]) Auch jetzt noch faßte man aber das Akzept als einen wechselrechtlichen Literalvertrag auf, durch den der Akzeptant den ihm vom Aussteller erteilten Anweisungsauftrag erfüllte, indem er dem Wechselgläubiger gegenüber eine Haftung für die Wechselschuld übernahm, neben der nun freilich die Regreßhaftung des Ausstellers bestehen blieb.[62])

---

[56]) Jedenfalls steht die befreiende Wirkung auch des mündlich erteilten Anweisungsakzeptes fest; Goldschmidt 322.

[57]) Grawein 86 f.

[58]) Capitoli et ordini delle fiere di Besenzone che si fanno al presente nella citta di Piacenza bei Raphaele de Turri 406, auch in J. G. Siegels Corpus juris cambialis I (1742) 517: Che l'accettationi debbano farsi con li proprii scartafacii, come sin qui si e stilato, e non con scontri, et che ad ogni partita accettata se li facci la linea alli scuti, però se il creditore vorrà le lettere di cambio accettate per mano del debitore, sia obligato il debitore dargliele accettate.

[59]) 183 Disp. 2 qu. 17 n. 7 ss., 188 n. 56 ss.

[60]) Vgl. Goldschmidt 430 f.

[61]) Über die Entwicklung dieser Gegenmeinung vgl. v. Salpius 487 f., Endemann I 319 f., auch Biener 87 f. und Kohler a. a. O. 436 f. Soweit diese Schriftsteller sich auf Scaccia berufen oder sonstige Belege aus älterer Zeit anführen, handelt es sich um das formlose Akzept.

[62]) Goldschmidt 456, vgl. auch 446.

Diese bei den italienischen Klassikern des Wechselrechts herrschende Auffassung hat nun begreiflicherweise auch in Deutschland Eingang gefunden. Wenn es in der heutigen Literatur öfter so dargestellt wird, als sei die Literalvertragstheorie eine neue, im 18. Jahrhundert von deutschen Juristen entwickelte Auffassung,[63]) so ist das durchaus unberechtigt.[64]) Der von H. O. Lehmann[65]) als Begründer der Theorie bezeichnete Germanist J. H. Boehmer hat seine Begriffsbestimmung nur ganz beiläufig in einer Anmerkung eines größeren allgemeinen Werkes[66]) gegeben, wo für die Anführung von Literatur nicht der Ort war. Schon J. G. Heineccius,[67]) der die Theorie näher ausführte, erwähnt übrigens ausdrücklich, daß Boehmer seine Ansicht „post alios" aufgestellt habe. Zu diesen Vorgängern gehört in Deutschland Joh. Gryphiander, der den Wechsel ausdrücklich in historische Beziehungen zu dem altrömischen Literalkontrakt setzt.[68])

---

[63]) So z. B. H. O. Lehmann 148 f., auch Grünhut, Zeitschr. 19, 260 und Wechselrecht I 240, K. Lehmann 602. Vgl. dagegen, daß ursprünglich die Auffassung als Konsensualvertrag herrschend gewesen sei, schon Goldschmidt 429 Anm. 105, 380, sowie Freundt, Wechselr. I 6.

[64]) Mit Recht betont Freundt a. a. O., daß die Literalvertragstheorie nicht später an die Stelle der älteren Theorien getreten sei, sondern neben sie. Jener andern Theorien aber bedurfte man zur Erklärung des ‚cambium', da man unter dieser Bezeichnung nicht nur das heutige formelle Wertpapiergeschäft, sondern verschiedene materielle Geldgeschäfte ohne Benutzung von Urkunden verstand. Vgl. dazu jedoch auch Schaube, Jahrbücher f. Nationalökonomie u. Stat. 65 (1895) 528 ff., und Wieland, Cambium und Wechselbrief, Festgabe d. jur. Fak. Basel f. A. Heusler (1904) 4 ff., 10 ff., 16 ff., 19, 24 ff.

[65]) 148.

[66]) Doctrina de actionibus (1710) Ausg. 1749 p. 664, sect. 2 c. 9 § 16 Anm. b.

[67]) Elementa iuris cambialis (1742) 12, c. 3 § 6.

[68]) Oeconomicorum legalium libri duo (1662) 751, I c. 26 § 69. Ihn nennt bereits Grünhut, Zeitschr. 19, 260 f. Anm. 3, Wechselr. I 240 Anm. 5, der auch eine Reihe späterer Vertreter der Literalvertragstheorie in Deutschland aufzählt. Hinzuzufügen wären aus neuerer Zeit besonders Jos. Unger, Die rechtliche Natur der Inhaberpapiere (1857) 60, 85, der die Inhaber- und Orderpapierverträge als „Literalcontracte des modernen Rechts" bezeichnet, und Renaud 49 § 12 Anm. 2, mit

Natürlich eignet sich die Theorie vom Literalvertrage in dem hier vorgetragenen Sinne[69]) auch nicht ohne weiteres zur Deutung aller Wechselakte. Dem Wesen des Akzeptvertrages scheint sie mir aber auch noch für das heutige Recht am meisten gerecht zu werden. Sie gibt die natürlichste Deutung für die Vollendung des Akzepts mit der Niederschrift. Zwischen den beiden Unterschriften, die auf einem Blatt zusammenkommen müssen, besteht nun freilich ein erheblicher Unterschied. Die des Ausstellers hat neben ihrer Eigenschaft als Offerte dem Trassaten gegenüber eine selbständige Bedeutung. Denn auf ihr beruht die wechselmäßige Regreßhaftung des Ausstellers aus dem Begebungsvertrage gegenüber dem Remittenten und dessen Rechtsnachfolgern. Das erklärt insbesondere das unbefristete Fortbestehen der Offerte des Ausstellers. Mit der Begebung an den Wechselnehmer bezw. mit dem Augenblick, in dem ein Dritter gutgläubig Gläubigerrechte an der Tratte erwirbt, hat sie eine selbständige, von ihrer Eigenschaft als Offerte unabhängige Bedeutung erlangt, die ihr Erlöschen auch als solche verhindert. Diese Eigentümlichkeit der in skripturmäßiger Form gestellten Offerte hat bereits vor langen Jahren, als die bindende Kraft des Antrags noch nicht wie heute durch positive Rechtssätze anerkannt war, Rudolf Sohm erkannt und in höheren Zusammenhang gebracht,[70]) indem er sie mit der öffentlich

---

seinem Ausspruch: „Der Wechsel ist ein strenger Literalcontract." Unger wird freilich von manchen, so auch von Landsberg III 2 Noten 352 Anm. 11, als Vertreter der Kreationstheorie angesehen, da er (94) in der „Ausstellung" des Papiers „die sua vi ac potestate wirkende Constituierung eines nomen" erblickt und betont (101), daß Kuntze dieselbe Ansicht vertreten habe wie er. Doch stellt er 106 f. ausdrücklich fest, daß die Obligation durch einen formellen Vertrag zwischen Aussteller und Empfänger entstehe, der als Begebungsvertrag zustande komme; auf andere Personen gehe sie dann durch Delegation über (111 ff.).

[69]) Die neueren Anhänger der Literalvertragstheorie bezeichnen, wie ja auch Unger, als solchen regelmäßig jeden Vertrag, dem die Wechselform wesentlich ist, also auch den Wechselbegebungsvertrag. Über das Verhältnis des Literalvertrags zu diesem ist unten 92 ff. zu handeln.

[70]) Zeitschr. f. d. ges. Handelsr. 17 (1873) 79. Er geht im übrigen von der Theorie aus, daß die Wechselerklärung eine Offerte ad incertam personam, nämlich an alle künftigen Wechselerwerber sei. Seiner An-

gestellten Offerte verglich, die nur durch öffentlichen Widerruf beseitigt werden könne. Im Anschluß an diese Feststellung führte er aus: „Es ist ebenso zweifellos, daß . . . die in Orderpapierform gegebene Offerte nur in derselben Form, d. h. durch Vernichtung der Form (HGB. Art. 303)[71]) widerrufbar ist. Die Offerte in Wechselform und Orderpapierform ist infolgedessen faktisch unwiderruflich, weil die Vernichtung der Form nicht bloß die Offerte, sondern zugleich den bereits fertigen Vertrag vernichten würde."

Daraus wieder folgt, daß, wenn Skripturform und Wechselvertrag noch nicht vollendet vorliegen, wie bei der Begebung eines Blankoakzepts an den Aussteller, diese unbefristete Fortdauer des Vertragsantrags nicht gegeben ist. Das Reichsgericht, das, wie oben (55) gesehen, in einem älteren Urteil die Theorie des Reichsoberhandelsgerichts für das Blankoakzept angenommen, dessen Begebung also als an den Aussteller gerichtete und von diesem durch Ausfüllung anzunehmende Offerte aufgefaßt hatte, hat neuerdings auf diese Auffassung zurückgegriffen, allerdings ohne sich darauf festzulegen. Schließt man sich dieser Konstruktion an, „so ist", sagt das Gericht,[72]) „klar, daß die bindende Kraft der Offerte mit dem unbenutzten Ablaufe der Annahmefrist erlosch (§§ 146, 148 BGB.)." In dem zur Entscheidung stehenden Falle war das nach der Ansicht des Reichsgerichts der Verfalltag, den der Blankoakzeptant in das Formular eingerückt hatte. Natürlich wird aber je nach der Sachlage auch ein früherer Zeitpunkt in Betracht kommen. Hat z. B. der Antragsteller das Akzept dem andern Teile mit der Bitte um alsbaldige Rücksendung nach voll-

---

sicht ist alsbald de Fontenay (ebd. 18, 1873, 41 ff.) beigetreten, der ebenfalls in der an die Außenwelt gelangten Wechselerklärung einen Vertragsantrag an unbestimmte Personen erblickt, der ausnahmsweise unwiderruflich sei. Zu Unrecht bringt er unter diese eigentümliche Gebundenheit ans Wort auch die Unwiderruflichkeit des Akzepts gemäß Art. 21 WO. Diese beruht, wie insbesondere Grawein 107 ff. gezeigt hat, auf der Perfektion des Wechselvertrages durch die Schriftform. Nur das Blankoakzept ist Offerte, aber eine solche gewöhnlicher Art, da die Erklärung des Antragenden noch nicht durch eine weitere Wechselunterschrift festgehalten worden ist. Vgl. übrigens auch E. Jacobi bei Ehrenberg IV 1 314.

[71]) Heute § 364.

[72]) E.R.G. 74 (1911) 353 f.

zogener Ausfüllung übersandt, um es dann seinerseits an den Remittenten weitergeben zu können, oder hat er ihm ausdrücklich eine Frist gesetzt, so wird ein gültiger Akzeptvertrag nicht zustandekommen können, wenn der Empfänger das Akzept über die Antwortfrist oder über die gesetzte Frist hinaus zurückbehalten und dann später noch ausgefüllt hat. Dem Aussteller wird in diesen Fällen, da der Antrag gemäß §§ 146, 147 II, 148, erloschen war, kein Wechselrecht gegen den Akzeptanten zustehen. Da das Blankoakzept als solches noch kein fertiges Wertpapier ist und seine Übersendung sich nur als den Antrag zu dem Abschluß eines Wertpapiervertrages darstellt, auf den in Ermangelung von Sonderrechtsregeln die allgemeinen Vertragsgrundsätze Anwendung finden, so sind natürlich auch die bei der Übersendung des Blanketts formlos geäußerten Willenskundgebungen des Akzeptanten für das Verhältnis zwischen ihm und dem Aussteller zu berücksichtigen. Jene Erwägungen, die die Antragserklärung des Ausstellers als unbefristet erscheinen ließen, fallen bei der Umkehrung der Rolle der Vertragsparteien weg.

So bestätigt gerade die Verschiedenheit der Rechtsfolgen des Antrages in beiden Fällen die Richtigkeit unserer Konstruktion. Es handelt sich nicht um eine Besonderheit des Akzeptantrages als solchen, sondern um eine Folge der selbständigen Bedeutung der Ausstellerunterschrift. Diese wieder stellt sich dar als Anwendungsfall des allgemeinen Prinzips, das in der Regel der Art. 3, 75 und 76 WO. nur sehr lückenhaft zum Ausdruck gekommen ist, daß nämlich wegen ihrer Bedeutung im Verhältnis zu andern Wechselbeteiligten grundsätzlich im Wechselrecht jede einzelne Wechselunterschrift formell selbständig dasteht und unabhängig von der Gültigkeit der andern auf demselben Wechsel stehenden weiteren Unterschriften wirksam werden kann.[73])

4. Das Zustandekommen der Akzeptverpflichtung kraft Rechtsscheins.

Gerade die selbständige Bedeutung der einzelnen Wechselunterschrift könnte nun freilich gegen unsere Auffassung ausgespielt

[73]) Goldschmidt, Verm. Schriften II 470.

werden. Man könnte sagen:[1]) Wie soll ein Wechselvertrag zwischen dem Aussteller und dem Akzeptanten in den Fällen angenommen werden, in denen eine gültige Unterschrift des Ausstellers überhaupt gar nicht vorliegt, wo er z. B. geisteskrank war oder seine Unterschrift gefälscht war oder er lange vor der Akzeptation des Wechsels bereits verstorben war? Lassen wir den letztgenannten Fall zunächst aus dem Spiele, so ist anzuerkennen, daß in den übrigen ein Vertrag zwischen Aussteller und Akzeptanten nicht zustande gekommen ist.[2]) Dennoch aber steht dies unserer Theorie nicht im Wege. Es ist eine Überspannung des eben anerkannten Grundsatzes der formellen Unabhängigkeit der einzelnen Wechselunterschrift, wenn man deren Wirksamwerden mit der Kreationstheorie in den einseitigen Skripturakt verlegt; denn diese selbständige Wirkung tritt stets nur zugunsten gutgläubiger Wechselerwerber ein.[3]) Sie ist nichts anderes

---

[1]) Und in der Tat folgert Grünhut II 16 f. Anm. 4 aus der Gültigkeit des Akzeptes einer gefälschten Tratte, die Annahme des in der Tratte enthaltenen Auftrags könne nicht der juristische Grund der Wechselverpflichtung des Akzeptanten sein.

[2]) Faßt man das Indossament als akzessorische Tratte und — bei Fehlen der Ausstellererklärung — als einen selbständigen Antrag mit dem Inhalt der Tratte, so kann man mit Goldschmidt, Zeitschr. f. Handelsr. 28, 94 (Verm. Schr. II 103), ein Zustandekommen des Vertrages für möglich halten, wenn der Wechsel auch nur ein echtes Indossament trägt.

[3]) Diese Tatsache tritt besonders klar erkennbar gerade aus der Darstellung bei Grünhut I 328 f. hervor. Vgl. ferner für das englische Wechselrecht E. Riezler, Venire contra factum proprium (1912) 108. Dieser selbst bringt den Rechtsgedanken des englischen ‚estoppel', wonach jemand, der im rechtsgeschäftlichen Verkehr bestimmte Angaben macht, diese gegen sich gelten lassen muß (59 ff.), in Zusammenhang mit dem Rechtsscheingedanken (166 ff.). Vgl. dazu auch meine demnächst in der Zeitschr. für Handelsrecht 81 Heft 3 erscheinende Abhandlung „Handelsregistererklärung und Widerruf der Prokura". Unter den Gesichtspunkt der Haftung aus erregtem Rechtsschein gehört m. E. auch der von Riezler 164 behandelte Fall des Akzepts unter angenommenem Namen. Nicht nur wer mit dem Pseudonym zeichnet, das als wirklicher Name anzusehen ist, haftet, sondern auch wer sich eines ihm nicht zukommenden fingierten Namens bedient, da er durch seine Erklärung den Schein einer gültigen Wechselunterschrift veranlaßt.

als Rechtsscheinwirkung. Und so lassen sich denn auch die hier berührten Erscheinungen durch die Rechtsscheintheorie erklären.

Wir können ihnen übrigens auch noch den weiteren Fall an die Seite stellen, daß dem Aussteller das ausgefüllte Wechselformular abhanden gekommen ist; denn auch in diesem Falle liegt eine gültige Rechtswillenserklärung auf seiner Seite nicht vor. Zwar wird man sich hier nicht darauf berufen dürfen, daß der Vertrag des Ausstellers Begebungsvertrag sei; denn das ist er nur gegenüber dem Remittenten. Aber ebensowenig wie ein sonstiger Brief, den jemand geschrieben, aber nicht abgesandt hat, als eine rechtsgeschäftliche Willenserklärung anzusehen ist, kann das bei dem Vertragsantrag des Ausstellers einer Tratte der Fall sein. Er muß den Brief auch abgesandt, muß das Zugehen an den Adressaten gewollt haben. Nur für die Annahmeerklärung gilt der Grundsatz, daß sie, auch ohne dem Offerenten zugegangen zu sein, bindende Kraft hat.

In den sämtlichen genannten Fällen werden wir somit sagen müssen, daß zwar ein Akzeptvertrag nicht zustande gekommen ist; dennoch aber kann auf Grund der Rechtsscheinwirkung der skripturrechtlichen Form der Niederschrift des Akzeptes eine verbindliche Kraft des Akzeptes gegenüber gutgläubigen Dritten entstehen.[4]) Das echte Akzept auf einer äußerlich einwandfreien, wenn auch tatsächlich gefälschten oder nicht begebenen Tratte erzeugt den Rechtsschein eines gültigen Akzeptvertrages, auf den gutgläubige Dritte sich verlassen dürfen.[5]) Auch das Akzept ist eine skripturrechtliche Publizitätsform, bestimmt, ein einredeloses Recht gegen den Akzeptanten in sich aufzunehmen. Dieser hat den Rechtsschein veranlaßt, muß also das Recht gegen sich gelten lassen, wenn es in der Person des Wechselerwerbers entstanden ist. Die Ein-

---

[4]) Erst recht natürlich in dem von Grünhut II 16 Anm. 4 geltendgemachten Falle der Annahme mehrerer Originale derselben Tratte, in dem der Akzeptant gemäß WO. Art. 67 Nr. 2 aus jeder Unterschrift selbständig haftet, obwohl sämtliche Exemplare nur einen und denselben Zahlungsauftrag des Ausstellers verbriefen.

[5]) Ähnlich schon Grünhut I 328: „Die Gültigkeit des Grundwechsels wird rücksichtlich derjenigen, die gutgläubig, ohne von der Richtigkeit zu wissen, den Wechsel erworben haben, fingiert."

rede des mangelnden Akzeptvertrages ist nur unter denselben Umständen gegeben, wie die Einrede des mangelnden Begebungsvertrages gegenüber der Wechselklage gegen den Aussteller oder Indossanten.

Der oben (41 ff.) erörterte Standpunkt des Reichsgerichts, daß das Akzept deshalb nicht auf einen Vertrag zwischen Trassant und Akzeptant zurückgeführt werden dürfe, weil es in seiner „Rechtswirkung mindestens dem dritten Wechselinhaber gegenüber völlig unabhängig ist von dem Rechtsverhältnisse zwischen Aussteller und Bezogenem", ist, wie die auch im Originalabdruck[6]) gesperrten Worte zeigen, in erster Linie durch das Bedürfnis veranlaßt worden, eine Erklärung für die von uns als Rechtsscheinwirkung erkannten Rechtsfolgen zu finden, die das Akzept auch bei mangelndem Akzeptvertrage zugunsten gutgläubiger Drittbeteiligter äußert. Die vorsichtige Fassung neuerer Entscheidungen ist vielleicht ein Zeichen dafür, daß der Gerichtshof inzwischen erkannt hat, daß das seinerzeit gefundene Hilfsmittel, die Anerkennung der Theorie vom einseitigen Akt, eine größere Tragweite besitzt, als das Bedürfnis erfordert. Denn es bietet eine allgemeine Erklärung auch für die normal gelagerten Fälle, während nur die eine solche erheischen, in denen ein gutgläubiger Dritter bei offenbar fehlendem oder mangelhaftem Akzeptvertrage geschützt werden soll.

Und daß es sich wirklich nur um Schutz des guten Glaubens handelt, das hat das Reichsgericht inzwischen besonders bei Gelegenheit solcher Entscheidungen erkannt, in denen es sich um die schwierigen Fragen aus dem Recht des Blankoakzepts handelt. Wie oben (55) gesehen, wird dieses vom Reichsgericht noch heute als Vertrag zwischen dem Akzeptanten und dem Blankettempfänger als Aussteller konstruiert. Dennoch hatte es von Anfang an nicht verkannt, daß „die Wechselforderung gegen den Acceptanten für den durch Besitz und Inhalt der Wechselurkunde als Wechselgläubiger Legitimierten auch dann entsteht, wenn die Ausfüllung des Blanketts nicht durch den Empfänger

---

[6]) ERG. 24, 90.

oder nicht in der verabredeten Weise erfolgt ist".[7]) Denn selbst bei gefälschter Unterschrift des Trassanten behalte das echte Akzept nach Art. 75 WO. seine verpflichtende Kraft; um so mehr müsse das der Fall sein, wenn sie echt sei, aber ihre Beifügung oder die sonstige Ausfüllung des Blanketts der zwischen dem Empfänger und dem Blankoakzeptanten getroffenen Verabredung nicht entspreche.[8])

Das Reichsgericht verlegte daher zunächst den Vertragsschluß in die Begebung des Akzepts an den Nehmer und sah in der späteren Ausfüllung eine nur zur Herstellung der Wechselform dienende Handlung des Ausstellers.[9]) Gegen diesen gewährte es nur die Einrede des rechtswidrigen oder dolosen Verhaltens, wenn er den Wechsel ohne oder mit Überschreitung der erhaltenen Ermächtigung ausgefüllt hatte. Aber schon bald darauf erkannte man, daß es bei dem angeblichen Begebungsvertrage zwischen Akzeptgeber und Nehmer nicht auf den wirklichen rechtsgeschäftlichen Willen ankomme, daß der Akzeptant vielmehr auch dann hafte, wenn er seine Unterschrift auf das Formular gesetzt habe, ohne dessen Bedeutung zu kennen und ohne die Absicht, eine Verpflichtung einzugehen, sowie daß dabei anderseits der gute Glaube der Dritterwerber des Akzeptes erheblich sei. Aus der formalen Natur des Wechsels folge, „daß es dem gutgläubigen Inhaber des Wechsels gegenüber nicht darauf ankommen kann, was bei dem Geben des Wechsels an seinen Vormann gewollt oder mündlich verhandelt worden ist, daß vielmehr derjenige, welcher eine von ihm vollzogene wechselmäßige Erklärung einem andern aushändigt, dieselbe hierdurch zu einer ihn gegen alle dritte Personen, welche den Wechsel demnächst in gutem Glauben erwerben, unbedingt verpflichtenden

[7]) ERG. 8, 57 f.

[8]) Dieser in Deutschland mindestens gewohnheitsrechtlich, in Österreich auch durch Justizministerialverfügung vom 6. Oktober 1853 (vgl. Hacmann 107) anerkannte Grundsatz wird neuerdings ohne durchschlagende Gründe von Hacmann 108 ff. angefochten. Dieser sieht in dem abredewidrig ausgefüllten Akzept einen „andern Wechsel", für dessen Inhalt der Akzeptant die Haftung nicht übernommen habe.

[9]) Vgl. auch 11 (1884) 8.

Erklärung macht".[10]) In der Folge ist in den Erkenntnissen zwar noch öfters von der Einrede der Arglist die Rede, die dem Aussteller und späteren Inhabern im Falle abredewidriger Ausfüllung entgegengehalten werden könne,[11]) doch wird dabei zugleich betont, daß diese gegen „jeden bösgläubigen Erwerber" geltend gemacht werden könne.[12])

In neuester Zeit hat das Reichsgericht denn auch die exceptio doli ausdrücklich fallen lassen und anerkannt, daß es sich um einen Fall des Rechtserwerbs vom Nichtberechtigten handelt, der gute Glaube also, wenn auch sein Fehlen vom Gegner zu beweisen ist, als eine Voraussetzung des Rechtserwerbs des Dritten und nicht als Einrede gegen ein erworbenes Recht zu betrachten ist:[13]) „Nach der Verkehrsauffassung erklärt, wer ein Blankoakzept aus den Händen gibt, daß er dem aus dem fertigen Wechsel legitimierten gutgläubigen Erwerber wechselrechtlich haften will. Es ist unbillig, den Erwerber darunter leiden zu lassen, wenn etwa der erste Nehmer des Akzeptes durch vertragswidrige Weiterbegebung das Vertrauen des Gebers getäuscht haben sollte (R.G. Bd. 2 S. 99). In Art. 74 WO. ist ausgesprochen, daß der nach Art. 36 legitimierte gutgläubige Erwerber zur Herausgabe des Wechsels nicht angehalten werden kann. Dem entspricht die Rechtsstellung gegenüber dem Schuldner. Es liegt aber kein Grund vor, den aus dem Wechsel legitimierten Aussteller in dieser Hinsicht schlechter zu behandeln, wie den Indossatar." Die Entscheidung ist auch dadurch wichtig, daß das Reichsgericht unter Zurückgreifen auf die Praxis des Reichsoberhandelsgerichts[14]) dem gutgläubigen Aussteller und Dritterwerber des ausgefüllten Blanketts das Wechselrecht gegen den Akzeptanten auch dann gewährt, „wenn das Blankett dem Akzeptanten ohne seinen Willen abhanden gekommen ist",[15]) obwohl das Erkenntnis, wie der oben an-

[10]) 14 (1886) 24. Es sei daher „nicht der Einwand der Fälschung, sondern nur der der Bösgläubigkeit" gegeben; 19 (1888) 136.

[11]) 23 (1889) 110; 32 (1894) 72; 33 (1894) 44 f.

[12]) 55 (1904) 338.

[13]) 65 (1907) 410 ff.

[14]) Entsch. 25 (1880) 16 ff.

[15]) In dieser Hinsicht ist dem Reichsgericht vorangegangen das Oberlandesgericht Stuttgart, Rechtsprechung der OLG. 7

geführte Satz zeigt, grundsätzlich auf dem Boden der Begebungstheorie steht. Regelmäßig ist erforderlich, daß der Akzeptant „das Blankoakzept aus den Händen gibt“; aber dieser Grundsatz wird zugunsten des gutgläubigen Dritten durchbrochen, weil sich dieser auf den Skripturschein soll verlassen dürfen.

Der Entscheidung liegt also, ohne daß das zum Ausdruck kommt, die Rechtsscheintheorie zugrunde. Das gleiche ist, wie schon Jacobi[16]) erkannt hat, auch bei der neuesten Entscheidung[17]) der Fall, die sich mit dem Blankoakzept befaßt. Danach „erzeugte“ die abredewidrige Ausfüllung des Blanketts durch den Kläger „zwar einen Wechsel, aber keine Wechselobligation des Beklagten, da der gegen diesen gerichtete Anspruch aus dem Wechsel durch eine sogenannte Einrede der Arglist, die Einrede der vertragswidrigen Ausfüllung des Blanketts zurückgeschlagen wird“. Wie man sieht, wird auch hier, trotz Beibehaltung der Bezeichnung als exceptio doli, davon ausgegangen, daß der Aussteller durch die Ausstellung kein Wechselrecht erworben habe. Wenn das Reichsgericht feststellt, daß immerhin ein Wechsel vorliege, so kann man das nur so verstehen, daß es sich um eine Urkunde handelt, die unter Umständen, nämlich in der Hand eines gutgläubigen Dritten, ein Wechselrecht in sich aufnehmen kann, die dagegen heute noch kein solches verkörpert, also nur um den äußeren Tatbestand, um den Rechtsschein des Wechsels.

Es ist kein Zufall, daß gerade das Blankoakzept dem Reichsgericht Veranlassung gegeben hat, sich der Rechtsscheintheorie zu nähern. Denn hier ist ein wirkliches Verständnis ohne Heranziehung des Rechtsscheingedankens kaum zu erzielen. Das ist gerade auch von Praktikern betont worden. So sagt Brütt:[18]) „Wer einen Blankowechsel zeichnen will oder wer auch nur eine Erklärung abgibt, in welcher nach Treu und Glauben eine Blanko-

(1903) 393 f., das sich jedoch in der irrigen Annahme, daß das RG. auch für das Blankoakzept die Kreationstheorie vertrete, auf den Boden dieser Theorie gestellt hat.

16) 323.

17) 74, 353.

18) Die abstrakte Forderung (1908) 233.

wechselunterschrift erblickt werden muß, hat den hieraus entstehenden Schaden auf sich zu nehmen und darf ihn nicht auf den gutgläubigen Verkehr abwälzen, weil er einen Rechtsschein in die Welt gesetzt hat, auf den man muß vertrauen können, wenn das Rechtsinstitut des Blankowechsels lebenskräftig bleiben soll." Und neuerdings ist von dem Berliner Rechtsanwalt Dr. Fritz Haußmann „Das Blankett, insbesondere der Blankettmißbrauch unter dem Gesichtspunkte des Rechtsscheinprinzips" behandelt und damit auch das Blankoakzept in einen größeren Rahmen gestellt worden.[19]) Die besondere Schwierigkeit liegt bei diesem darin, daß hier der Skripturschein und der Blankettschein zusammenkommen.[20]) Jener kann erst wirksam werden, wenn das Blankett ausgefüllt und damit ein fertiges Wertpapier hergestellt ist; das Vertrauen auf ihn entzieht dem Unterzeichner des Formulars jedem gutgläubigen Erwerber gegenüber den Einwand, daß er keinen oder einen andern Wechselvertrag habe abschließen wollen, als die Schrift aufweist.[21]) Der Blankettschein kommt auch dem gutgläubigen Blankettnehmer zustatten. Aber er greift nicht so weit. Er kommt nicht nur beim Blankett im engeren Sinne in Betracht, bei dem der Akzeptant den Text des Formulars ganz oder zum Teil unausgefüllt gelassen hat, sondern auch in dem Falle, wo lediglich die Unterschrift des Ausstellers fehlt, um die Skripturobligation zu erzeugen. Wenn J. Siegel[22]) meint, in diesem Falle sei „lediglich der normale Vorgang beim Wechselschluß (Ausstellung — Annahme) umgekehrt, ohne daß sich hieraus besondere rechtliche Folgerungen ergeben würden", so ist das unzutreffend; denn auch wenn der Akzeptant nur dem Empfänger des Blanketts einen Vertragsantrag machen will, den dieser durch seine

---

[19]) Beiträge zur Erläuterung des Deutschen Rechts 58 (1914) 289 ff., insbesondere 305 ff., 317 ff.

[20]) J. Siegel, Arch. f. d. Civ. Praxis 111 (1914) 113 ff., will vom Standpunkt seiner Erklärungstheorie keinen von beiden gelten lassen und sämtliche Wirkungen auf „allgemeine zivilistische Grundsätze" zurückführen. Zu diesen gehört aber der Rechtsscheingedanke in erster Reihe.

[21]) Der Akzeptant wird so behandelt, als habe er zu der Zeit, die die Schrift ergibt, einen fertigen Wechsel akzeptiert; OLG. München, Leipziger Zeitschr. 10 (1916) 187.

[22]) Leipziger Zeitschrift 3 (1909) 535.

Ausstellerunterschrift annehmen soll, so besteht immerhin der Rechtsschein einer Offerte an eine unbestimmte Person, auf den ein Dritter, an den der Erstempfänger das Blankett weitergibt, sich verlassen darf. Wenn er oder ein weiterer Nehmer dann als Aussteller zeichnet, so haftet der Akzeptant nicht nur auf Grund des Rechtsscheines der Skripturform späteren Wechselgläubigern, sondern auch auf Grund des Blankettscheins dem gutgläubigen Aussteller selbst nach Maßgabe der Offerte. Obwohl diese in Wahrheit nicht an ihn gerichtet war, also ein Akzeptvertrag nicht zustandekommen konnte, haftet der Unterzeichner des Blanketts so, wie ein Akzeptant aus dem Vertrage haftet. Demnach kann es auch späteren Erwerbern nichts schaden, wenn sie von der Art des Zustandekommens der Akzepthaftung Kenntnis haben, wofern nur der Aussteller gutgläubig war. Nur soweit es bei diesem am guten Glauben fehlte, kommt es auf die bona fides späterer Wechselnehmer an. Ganz unerheblich für den Erwerb der Rechte aus dem Wechsel ist der gute oder böse Glaube der Personen, durch deren Hände das Blankett vor der Ausfüllung gegangen ist, sowie das Recht, das sie etwa an dem Papier hatten. Sie alle gelten als Boten, die die an jeden Dritten gerichtete Offerte weiterzugeben befugt sind. Selbst wenn das Papier dem Akzeptanten gestohlen worden ist, kann sich jeder Dritte, an den durch den Scheinboten die Offerte gelangt, auf den Rechtsschein des Vertragsantrags verlassen, so weit er nicht durch die Umstände widerlegt wird.

Die Bedeutung dieser Mittelspersonen nun als Boten oder Scheinboten des Akzeptanten tritt stärker hervor, wenn auch der Text der Tratte ganz oder zum Teil offen gelassen worden ist. Hier bedarf die in der Urkunde enthaltene Offerte der Ergänzung durch die formlosen Erklärungen, die der Akzeptant bei der Begebung der Tratte abzugeben pflegt, und der Inhaber des Blanketts wird als ermächtigt gelten dürfen, auch sie weiterzugeben. Aber noch mehr. Da herkömmlich Blankoakzepte auch in solchen Fällen verwendet zu werden pflegen, in denen bei der Begebung der Inhalt der zu begründenden Wechselforderung, insbesondere deren Höhe, Ort und Zeit der Fälligkeit, die Person des Remittenten usw., noch nicht feststeht, so muß der Empfänger regelmäßig mit einer Vollmacht des Akzeptanten ausgerüstet sein,[23]) die betreffenden Angaben je nach den Umständen, z. B. die Wechselsumme auf Grund des augenblicklich zwischen ihm und dem Akzeptanten bestehenden Rechnungsverhältnisses oder in Höhe der vom Remittenten gebotenen Valuta, in das Formular einzusetzen.[24]) Entsprechend wird man den Inhaber des Blanketts als mit dem Rechtsschein dieser Vollmacht ausgestattet betrachten müssen.[25]) Dennoch aber wird ein Dritter, der auf Grund der ihm von seinem Vormann übermittelten Angaben gutgläubig das Blankett ausfüllt, kaum beanspruchen können, auf den Blankettschein hin das der so entstandenen Tratte entsprechende Recht gegen den Akzeptanten zu erlangen, falls dieser nachweist, daß er eine solche Vollmacht in Wahrheit nicht erteilt habe. Schon Haußmann hat mit Recht hervorgehoben, daß das Blankett, gerade weil es „durch seinen lückenhaften Inhalt auf eine mündlich nebenher erteilte Ergänzungsbefugnis hinweist, objektiv kein zum Vertrauen auf den Umfang der Ausfüllungsermächtigung geeigneter Tatbestand ist".[26]) Verläßt sich also der Nehmer auf die Angaben seines Vormanns über die Höhe der einzusetzenden Summe, so muß er auch selbst die Gefahr tragen, wenn er diesen Angaben traut.[27]) Zwar wird der Akzeptant auf Grund des jetzt bestehenden Scheines der Skripturform das Fehlen seines Verpflichtungswillens zu beweisen haben; aber soweit er dies beweisen kann, ist er von der Haftung frei. Gelangt allerdings der fertige Wechsel in die Hand eines gutgläubigen Dritten, so steht diesem keine Einwendung mehr entgegen. Mit Hilfe der Rechtsscheintheorie sind wir also in der Lage, auch die Fälle, in denen es an einem gültigen Akzeptvertrage fehlt, und insbesondere auch die schwierigen Rechtsfragen, zu denen das Blankoakzept Veranlassung

---

[23]) Hacmann 101 ff., J. Siegel, Archiv 111, 113.

[24]) Die Rechtsnatur dieser Ausfüllungsbefugnis ist sehr umstritten. Es besteht darüber neuerdings eine ganze Literatur, die aber nicht viel sachförderndes hervorgebracht hat. Einen brauchbaren Überblick gibt die neueste Dissertation darüber von P. Herzberg, Das Ausfüllungsrecht beim Blankoakzept, Erlangen 1914.

[25]) Vgl. hierzu schon ROHG. 14, 384 f.; RG. 14, 24; 19, 136 f.; 32, 71; 33, 44 f.

[26]) a. a. O. 316.

[27]) Haußmann 318.

gibt, im Einklang mit den Bedürfnissen der Praxis und der Rechtsprechung des Reichsgerichts zu entscheiden.

Anders zu beurteilen ist dagegen der oben berührte Fall des Todes des Ausstellers der Tratte vor Niederschrift des Akzeptes. In diesem Falle kann es nicht auf Gutgläubigkeit des Dritterwerbers ankommen, d. h. darauf, ob er von dem Tode des Ausstellers Kenntnis hatte oder nicht. Vielmehr muß in jedem Falle der Akzeptant dem Dritten haften. Auch dieser Umstand aber spricht nicht gegen unsere Konstruktion. Diese Wirkung läßt sich ohne weiteres aus dem oben (76) erwähnten unbefristeten Fortdauern des Vertragsantrages des Trassanten beim Akzeptvertrage, aus der skripturrechtlichen Gebundenheit ans Wort, erklären. Die Wechselerklärung des Ausstellers ist bereits durch den Remittenten festgehalten worden, so daß sie nunmehr für die gesamten sich aus dem Wechsel ergebenden Rechtsverhältnisse maßgebend bleibt. Diese Wirkung muß gemäß § 153 BGB. auch die persönliche Lebensdauer des Ausstellers selbst überdauern.[28]) Somit kommt der Vertrag mit den Erben des Ausstellers zustande, ohne daß diese für ihre Person eine besondere Erklärung abzugeben brauchten.

Die Richtigkeit dieser Auffassung, daß es sich um eine abnorme, aus der zwiefachen Natur der Ausstellungserklärung sich ergebende Erscheinung handelt, läßt sich sofort erkennen, wenn wir den umgekehrten Fall ins Auge fassen, daß der Akzeptant der Offerent ist. Durch eine Ausfüllung des Wechselblanketts, das der Akzeptant bei Lebzeiten einem andern übergeben hatte, damit er als Aussteller zeichne, die aber erst längere Zeit nach dem Tode des Akzeptanten erfolgt, wird eine Verpflichtung der Erben regelmäßig nicht entstehen können.[29]) Diese können vielmehr, wie oben

---

[28]) Ebenso auch den Verlust der Geschäftsfähigkeit des Ausstellers. Vgl. auch § 791 BGB., der auf den Wechsel Anwendung finden kann, wenn wir in der Tratte eine Anweisung zu erblicken berechtigt sind. Darüber unten 103 f. Vgl. auch Motive z. d. Entw. e. BGB. II (1896) 566 f., und dazu J. Breit, Die Geschäftsfähigkeit (1903) 316 f.

[29]) Die Entscheidung des OLG. München, Leipz. Zeitschr. 10 (1916) 187, daß jeder Blankettererwerber ein zeitlich unbegrenztes, vererbliches Recht erlange, durch Ausfüllung die Wechselobligation herzustellen, und zwar, soweit nichts besonderes verabredet

77 f. gesehen, mit Erfolg die Einwendung erheben, daß zu Lebzeiten ihres Erblassers der Abschluß des Akzeptvertrages sich zerschlagen habe, da der Nehmer des Blanketts den Antrag nicht binnen angemessener Frist angenommen habe, indem er das Blankett als Aussteller ausfüllte und unterzeichnete. Diese Einwendung könnte nur gutgläubigen Dritterwerbern nicht entgegengehalten werden,[80]) während im ersten Falle der Vertrag, wie gesehen, auch unabhängig vom guten Glauben nach jeder Richtung hin gültig ist.

5. Die Begebung keine wesentliche Form des Vertragsschlusses.

Die früher erörterten Fälle, in denen das Akzept auch ohne Vorliegen eines Akzeptvertrages wirksam ist und die wir auf das Rechtsscheinprinzip zurückgeführt haben, sind, wie sie in erster Linie die Veranlassung zur Aufstellung der Kreationstheorie gegeben haben, auch wohl hauptsächlich daran Schuld gewesen, daß die so nahe liegende Konstruktion des Akzeptvertrages als eines Vertrages zwischen dem Aussteller und dem Annehmenden in die heutige Praxis keinen Eingang gefunden hat. In Verbindung mit der Rechtsscheintheorie ist diese Auffassung wohl geeignet, die gegen die Vertragstheorie gerichteten Bedenken zu zerstreuen und die herrschende Begebungstheorie zu ersetzen. Von einer wirklichen Begebung des Akzeptes kann doch nur dann die Rede sein, wenn der Akzeptant in Wahrheit Offerent ist, d. h. wenn er das Wechselformular seinerseits zuerst ausfüllt und unterschreibt und alsdann an den Aussteller oder Remittenten weitergibt. In allen den Fällen aber, wo ihm der Brief zur Unterschrift vorgelegt wird, ist eine

---

wurde, durch eine Ausfüllung „nach freiem Ermessen", kann nicht als richtig anerkannt werden. Alles das gilt nur zugunsten des gutgläubigen Erwerbers.

80) Ähnlich wie in dem von Dernburg, Lehrb. d. Preuß. Privatrechts II, 5. Aufl. (1897), 28 Anm. 17, und Kuntze bei Endemann IV 2 78 erwähnten Fall der Begebung des Papiers nach dem Tode des Ausstellers, in dem Kuntze mit Recht den Rechtserwerb auf den guten Glauben abstellt. Auch nach dem Rechte des BGB. wird es auf diesen im Falle des § 794 II ebenso ankommen müssen, wie bei dem Tatbestand des Abs. I. Der Rechtsschein wirkt hier zugunsten des ersten Nehmers, womit sich auch die Einwendungen von A. Langen, Kreationstheorie 17 f., erledigen. Vgl. auch Jacobi 294 f. über die Haftung der Erben bei Ausgabe durch diese.

Begebung im eigentlichen Sinne doch nur sehr mühsam in das Verhalten der Parteien hinein zu interpretieren. Ganz unmöglich wird dies, wenn dem Trassaten das Papier zur Vornahme des Schriftaktes etwa nur hingehalten wird,[1]) oder wenn der Bezogene den Wechsel bei dem Besuch eines Geschäftsfreundes, dem ihn der Gläubiger zwecks Vorlegung übersandt hat, auf dem Pulte des Abwesenden liegen sieht und der Einfachheit halber auf der Stelle unterschreibt.[2]) Insbesondere hat das Reichsgericht in seiner neueren Rechtsprechung mehrmals darauf hingewiesen, daß es auf den wirklichen Willen der Parteien bei dieser angeblichen Begebung gar nicht ankomme, daß nur ein Geben und Nehmen des Wechsels in rein tatsächlichem Sinne erforderlich sei,[3]) um dem Wechsel die Rechtskraft gegenüber Dritten zu verschaffen. Mit Recht hat Jacobi[4]) den Nachweis vermißt, daß ein solches Geben und Nehmen des Wechsels irgendwie erforderlich sei, um den gleichen Effekt zu erzielen. Die von den Anhängern der Schuldschöpfungstheorie dagegen angeführten Gründe sind vielmehr meines Erachtens vollkommen durchschlagend.

Das Reichsgericht hat ihnen, wie gesehen, insofern Rechnung getragen, als es gerade für das Akzept, aber ausgesprochenermaßen auch nur im Verhältnis zu Dritten, die Theorie des einseitigen Aktes angenommen hat, die jedoch anderseits wieder für das Blankoakzept nicht durchgeführt worden ist. Wir haben oben (84) gesehen, daß diesen Erwägungen im innersten Kern die Rechtsscheintheorie zugrunde liegen dürfte.[5]) Nun ist es zwar

---

[1]) Affolter, Zeitschr. f. Handelsr. 39 (1891) 382.

[2]) Grawein 123. Was Goldschmidt, Zeitschr. f. Handelsrecht 28, 93 (Verm. Schr. II 102 f.), zu dem Falle vorbringt, kann nur zur Stütze der Vertragstheorie, nicht der Begebungstheorie dienen. Er bemüht sich nur, freilich wohl auch vergebens, die von ihm für wesentlich erachtete Vorlegung hineinzudeuten. Gegen die Begebungstheorie beim Akzept insbesondere auch H. O. Lehmann 241 ff. vom Standpunkt der Eigentumserwerbstheorie. In der Tat hat die Begebung nur den Zweck, dem Gläubiger Besitz und Eigentum zu übertragen. Beides aber steht dem Trassaten regelmäßig nicht zu.

[3]) ERG. 14 (1886) 24, 87 (1916) 368.

[4]) 322 Anm. 45, 323 Anm. 48.

[5]) Es ist ein Irrtum, wenn Jacobi 323 Anm. 48 meint, das RG. habe diese später wieder aufgegeben; die Entscheidung RG. 87, 367

richtig, daß zum Wirksamwerden der Offerte des Blankoakzeptanten **regelmäßig** eine Begebung der Urkunde erforderlich sein wird; denn der Vertragsantrag muß einem Adressaten zugehen, und erst wenn das Papier in der Hand eines andern ist, kann es ein wertpapiermäßiges Recht in sich aufnehmen. Der Gläubiger muß Besitz und Eigentum an der Urkunde erlangen. Aber dazu ist die Begebung seitens des Akzeptanten an ihn nur ein Mittel, das auch durch andere ersetzt werden kann. **Form** des Akzeptvertrages ist sie auch beim Blankoakzept **nicht**. Wenn jemand ein bis auf die Unterschrift des Ausstellers fertig ausgefülltes Blankoakzept aus der Hand gibt, damit dieses zunächst als solches von Hand zu Hand gehe, bis dann ein beliebiger Inhaber als Aussteller zeichnet, so kommt, wie gesehen, der Vertrag mit diesem zustande, während die Persönlichkeit der Mittelsperson völlig ausscheidet. Das nimmt auch **Mansfeld** an, der jedoch trotzdem an der Begebungstheorie festhält. Er meint,[6]) der Begebungsvertrag werde **unmittelbar zwischen dem Akzeptanten und dem Aussteller** geschlossen; der erste Blankettnehmer und seine Nachmänner seien nur Hilfsorgane des Akzeptanten, durch die der Vertragsschluß **vermittelt** werde. Wie nun, wenn etwa der erste Nehmer A das Blankett dem B in Verwahrung gegeben hätte, dieser hätte es dann unterschlagen und an C, den Aussteller, weitergegeben? C würde dann durch die Weiterbegebung seitens des unberechtigten Veräußerers als gutgläubiger Erwerber Eigentum erlangt haben; da auf das Wechselblankett nach ständig geübtem Gerichtsgebrauch Art. 74 WO. Anwendung findet, würde das sogar bei einem dazwischen tretenden Diebstahl des Papiers der Fall sein. Soll auch der **Dieb** ein Hilfsorgan des Akzeptanten sein? Ist er wirklich, wie **Mansfeld** meint, ein **Vertreter** des Akzeptanten, der „in dessen Namen die Offerte erklärt“, so ist er sicher ein Vertreter ohne Vertretungsmacht. Und doch ist der Akzeptvertrag ganz gewiß nicht von der Genehmigung des Akzeptanten abhängig, sondern im Augenblick der Fertigstellung der Tratte bindend zustande-

---

bezieht sich auf ein Wechselblankett des **Ausstellers**. Für die Ausstellung der Tratte aber hat das RG. nie eine andere als die Begebungsvertragstheorie vertreten; vgl. Juristische Wochenschrift 45 (1910) 204 f.

[6]) a. a. O. 183.

gekommen. Die Schrift des Akzeptanten ist die Offerte, der Aussteller ist Adressat, da der Antrag an jeden Beliebigen gerichtet und ihm zugegangen ist; und die bloße Unterzeichnung ist die Annahme des Antrages.

Da somit die Begebung nicht mit zu den Vertragshandlungen gehört, so kann ein gültiger Akzeptvertrag auch zustande kommen, wenn der Akzeptant nach Niederschrift des Akzepts, aber vor der Begebung gestorben oder geschäftsunfähig geworden ist.[7]) Es wird nur erforderlich sein, daß die Schrift von ihm bereits dazu bestimmt war, einem Adressaten zuzugehen, also etwa in einem adressierten Umschlag bereitgelegt war, um zur Post gebracht zu werden. Andernfalls könnte das Akzept — abgesehen von der Begebung durch die Erben — nur bei Gutgläubigkeit des Ausstellers oder eines Dritterwerbers wirksam werden.

Der Akzeptvertrag als reiner Literalvertrag setzt natürlich auch auf seiten des Ausstellers keinen Begebungsakt voraus. Ein solcher wird dagegen regelmäßig erforderlich sein, um dem Remittenten das Wechselrecht zu verschaffen. Notwendiger Bestandteil der Ausstellererklärung oder wesentliche

[7]) Vom Standpunkt der Begebungstheorie aus hat das Reichsgericht früher, ERG. 11, 8, auf den Zeitpunkt der Begebung abgestellt und daran für das Blankoakzept auch nach Übergang zur Kreationstheorie festgehalten; ebd. 33, 44. Zustimmend O. v. Gierke, Deutsches Privatrecht II 113 Anm. 38. Neuerdings verlangt jedoch das Reichsgericht in der Entscheidung bei Holdheim 22, 192 Geschäftsfähigkeit des Blankoakzeptanten bei sämtlichen von ihm vorzunehmenden Handlungen. Es geht aber doch offenbar nicht an, sowohl die Ausstellung wie die Begebung als die maßgebende rechtsgeschäftliche Erklärung anzusehen. Vor allem aber ist es ein Widerspruch in sich, wenn das RG. es ausdrücklich ablehnt, „auf ein unfertiges Papier, wie es das Wechselblankett ist," den Gedanken des § 794 II BGB. anzuwenden, während es doch dem Gedanken, welchen Abs. II der gleichen Vorschrift ausspricht, auf Grund von Art. 74 WO. auch für das Blankoakzept Raum geben will. Entweder sind die Grundsätze des Wertpapierrechts für das ausgefüllte Blankoakzept mit rückwirkender Kraft maßgebend oder sie sind es nicht. Entweder ist die Begebung notwendig, dann kann auch der gutgläubige Erwerber eines gestohlenen Blankoakzepts keine Gläubigerrechte erlangen. Oder sie ist es nicht, dann kann dem Erwerber auch die vor der Begebung eingetretene Entziehung der Geschäftsfähigkeit nichts schaden.

Vertragsform ist jedoch die Begebung auch im Verhältnis zwischen Aussteller und Wechselgläubiger nicht. Das zeigt gerade wieder das B l a n k o akzept. Die Theorie des Reichsgerichts, die nur für das A k z e p t unter Umständen von dem Erfordernis der Begebung glaubt absehen zu dürfen, im übrigen aber für alle andern Wechselakte daran festhalten will, ist auch insofern nicht haltbar. Wenn der Blankoakzeptant das Blankett nicht an die als Aussteller gedachte Person, sondern a n d e n R e m i t t e n t e n b e g e b e n hat, dann wird dieser gegenüber dem Aussteller etwa die gleiche Stellung einnehmen wie sonst gegenüber dem Bezogenen; nur daß ihm für den Fall der Verweigerung der Unterschrift die Möglichkeit fehlt, Protest zu erheben und Wechselregreßansprüche geltend zu machen. Erteilt aber der vom Akzeptanten als Adressat ins Auge gefaßte seine A u s - s t e l l e r u n t e r s c h r i f t, so wird sich der Hergang genau so vollziehen, wie bei der Einholung des Akzepts. Regelmäßig wird das Blankett nur zur Unterschrift v o r g e l e g t und nicht etwa begeben werden. Mit dieser Erkenntnis aber ist die Begebungstheorie in vollem Umfang gerichtet. B e i s ä m t l i c h e n W e c h s e l a k t e n h a t d i e B e g e b u n g n u r i n s o w e i t B e d e u t u n g, a l s s i e z u r V e r s c h a f f u n g v o n B e s i t z u n d E i g e n t u m a m P a p i e r f ü r d e n W e c h s e l g l ä u b i g e r e r f o r d e r - l i c h i s t. Hat der Gläubiger dagegen die Urkunde bereits als Eigentümer im Besitz, dann können auch sie als r e i n e S k r i p - t u r a k t e vorkommen. Die Begebung ist also nicht wesentliches Erfordernis des Vertrages, der Begebungsvertrag als solcher kein wechselrechtlicher Formalvertrag, wie das R e i c h s g e r i c h t annimmt.[8]) Auch der Wechselvertrag des A u s s t e l l e r s mit dem R e m i t - t e n t e n und der des I n d o s s a n t e n mit dem I n d o s s a t a r ist im Grunde ein reiner L i t e r a l v e r t r a g, der sich nur insofern von dem Akzeptvertrage unterscheidet, als nicht die Unterschriften b e i d e r Kontrahenten auf der Urkunde zusammenzukommen brauchen, sondern die des Regreßschuldners genügt. Insofern ist in der Tat auch heute noch die Theorie der alten Juristen zutreffend, daß die Wechselverträge sich als Literalverträge durch die Unterschrift des einen oder aber beider Kontrahenten auf der Urkunde vollziehen, „chirographis aut syngraphis".

---

[8]) Jur. Wochenschr. 45 (1916) 265.

Ein wichtiger Fall des Wechselvertrages durch bloße Unterschrift ist neben dem Aval, das niemals eine Begebung erfordert, das sogenannte Gefälligkeitsindossament, das nicht zur Übertragung des Wechselrechts, sondern nur zur Stützung des Wechsels, zur Erhöhung der Sicherheit durch Hinzufügung der Regreßhaftung des Indossanten gegeben wird. Ist der Wechsel in bianco indossiert, so genügt dazu die einfache Unterschrift eines jeden, dem die Urkunde zu diesem Zweck vorgelegt wird. Aber nicht anders wird der Fall zu beurteilen sein, daß der Aussteller den Wechsel nur deshalb an die Order eines andern als Remittenten zeichnet, um von diesem unter bloßer Vorlegung zur Unterschrift ein Indossament zu erbitten. Von einer wirklichen Begebung und Rückbegebung ist weder tatsächlich, noch nach dem Willen der Parteien dabei die Rede.[9]) Nur die verpflichtende Wechselunterschrift wird eingeholt, genau wie bei der Vorlegung zum Akzept.

Bekanntlich hat unsere Reichsgesetzgebung diesen Gedanken neuerdings verwertet, indem in § 15 II des Scheckgesetzes, nachdem vorher von der Haftung des Ausstellers und der Indossanten die Rede war, bestimmt wird: „Auch bei dem auf den Inhaber gestellten Scheck haftet jeder, der seinen Namen oder seine Firma auf die Rückseite des Schecks geschrieben hat, dem Inhaber für die Einlösung". Daß es sich hier um einen reinen Literalvertrag handelt, kann füglich nicht bezweifelt werden, wenn man sich nicht auf den Boden der Kreationstheorie stellen will. Von einer Begebung ist bei diesem Skripturakt jedenfalls gar keine Rede. Der Zusammenhang, in dem die Vorschrift innerhalb des Gesetzes erscheint, sowie das Wort „auch", das sie einleitet, weisen meines Erachtens darauf hin, daß es sich um eine besondere Art des Indossaments handelt. Es ist ein Indossament mit bloßer Garantiefunktion,[10]) bei dem also die Transportfunktion fehlt. Ein solches ist auch bei Inhaberpapieren möglich, deren Begebung sich ohne Schriftform vollzieht. Aber es kann, wie oben gesehen, auch bei Orderpapieren vorkommen. Im übrigen ist der Streit, ob man es als Indossament oder als Skripturakt eigener Art

---

[9]) So auch Jacobi, Zeitschr. f. Handelsr. 63, 97.

[10]) So schon Brunner, Dtsch. Juristen-Ztg. 13 (1908) 154 f.

auffassen will,[11]) ziemlich müßig. Sicher ist nur, daß es sich mit der Begebungstheorie nicht verträgt. Wohl aber dürfen wir in ihm eine starke Stütze für die Literalvertragstheorie in dem hier vorgetragenen Sinne, d. h. mit der notwendigen Ergänzung durch die Rechtsscheintheorie, erblicken. Gutgläubigen Dritten haftet der Zeichner des Schecks auch dann, wenn es an dem der Unterschrift normalerweise zugrunde liegenden Vertrage fehlte oder der Vertrag unwirksam war.

Man könnte nun auf den Gedanken kommen, daß die hier gezogenen Folgerungen bezüglich der Bedeutung der Begebung nur für solche Wertpapiere Geltung beanspruchen dürften, die, wie Wechsel und Scheck, mehrere Obligationen nacheinander in sich aufnehmen können, nicht dagegen für einfache Papiere wie die Inhaberschuldverschreibung oder den kaufmännischen Verpflichtungsschein, bei dem das Indossament keine Garantiefunktion hat. Das wäre jedoch nicht richtig. Denn auch bei ihnen ist dadurch, daß mehrere Personen als Mitaussteller zeichnen, der Fall möglich, daß die Forderung gegen einen oder mehrere von ihnen erst nach der Begebung durch den ersten auf Grund bloßer Einholung der weiteren Unterschriften durch den Gläubiger erfolgt. Gibt man zu, daß in diesem Falle der Schuldvertrag mit den späteren Unterzeichnern ohne Begebung zustandekommt, so fällt anderseits jede Notwendigkeit weg, den Vertrag mit dem Erstzeichner unter allen Umständen als solchen zu deuten. Nehmen wir etwa an, der Gläubiger A habe sich mit den Schuldnern, den Kaufleuten B und C, telephonisch dahin geeinigt, daß sie gemeinschaftlich einen von ihm herzustellenden Verpflichtungsschein an seine Order unterschreiben sollen, und sende nun einen Boten an B und C mit dem Auftrage, ihnen das Papier lediglich zur Unterschrift hinzuhalten, ohne es aus der Hand zu lassen, so ist es offenbar ganz einerlei, ob der Bote erst zu B oder zu C geht. Dem A fehlte danach durchaus der Wille, das Eigentum an der ihm gehörigen und von ihm bis auf die Unterschrift fertiggestellten Urkunde auf B oder C zu übertragen und sich von ihnen zurückübertragen zu lassen, und der Besitz ist ihm während der ganzen Zeit verblieben. Von einer Be-

[11]) Vgl. dazu Jacobi, Zeitschr. f. Handelsr. 63, 132 f.

gebung kann daher in keiner Weise die Rede sein. Und genau das gleiche wird auch dann gelten müssen, wenn es sich nur um einen Schuldner handelt, mit dem der Gläubiger in dieser Weise verfährt. Es kommt auch nicht darauf an, daß das von ihm verwendete Papier sein Eigentum war, da er durch das Schreiben des Textes der Urkunde gemäß § 950 Eigentümer werden würde. Wollte man einwenden, durch die Unterzeichnung seitens des Schuldners entstehe abermals eine neue Sache, nämlich das Wertpapier, als Eigentum des Unterzeichners, so stände dem schon § 952 entgegen, da das Papier als Schuldschein oder als Urkunde über ein Recht, kraft dessen eine Leistung gefordert werden kann, kraft Gesetzes Eigentum des Gläubigers ist.

Zur Entstehung der Wertpapierobligation ist also ganz allgemein außer der formlosen Einigung nichts weiter erforderlich, als daß der Schuldner die skripturmäßige Erklärung abgibt und daß diese dem Gläubiger in Gestalt des Wertpapiers zugeht. Das wird regelmäßig in der Form der Begebung erfolgen. Eine solche ist notwendig, wenn sich die Zuständigkeit des Gläubigerrechts nicht aus der Urkunde ergibt und diese sich zur Zeit der Ausstellung nicht schon im Eigentum des Gläubigers befindet, also regelmäßig beim Inhaberpapier und bei dem in bianco indossierten Wechsel an eigene Order. Auch in diesem Falle aber wird der Mangel des Begebungsvertrages durch gutgläubigen Erwerb kraft Rechtsscheins geheilt. Anderseits ist beim Akzept, bei dem zwei Unterschriften zur Vollendung des Vertrages notwendig sind, nicht erforderlich, daß die Unterschrift des zweiten dem Gegenkontrahenten, der die erste Unterschrift geleistet hat, zugeht. Die Begebungsvertragstheorie in dem bisher herrschenden Sinne, daß nämlich die Begebung stets, außer bei gutgläubigem Erwerbe, wesentliche Form des Wertpapiervertrages sei, muß aufgegeben werden.

Neuerdings dürften sich freilich die Anhänger der Begebungstheorie auf einen angeblichen neuen Quellenbeweisgrund berufen, und zwar gerade für das Wechselakzept, von dem wir ausgingen. Die Bestimmung der allgemeinen deutschen Wechselordnung Art. 21, wonach das Akzept mit der Niederschrift perfekt und unwiderruflich wird, ist von der Einheitlichen Wechselordnung Art. 28[12]) und demgemäß auch von dem Entwurf der neuen Deutschen Wechselordnung Art. 28[13]) nicht übernommen worden. Hier heißt es:

> Hat der Bezogene die auf den Wechsel gesetzte Annahmeerklärung gestrichen, bevor er den Wechsel aus der Hand gegeben hat, so gilt die Annahme als verweigert; der Bezogene haftet jedoch nach dem Inhalte seiner Annahmeerklärung, wenn er vor der Streichung den Inhaber des Wechsels oder eine Person, deren Unterschrift sich auf dem Wechsel befindet, schriftlich von der Annahme in Kenntnis gesetzt hat.

In Wahrheit ist jedoch auch diese Bestimmung keine Stütze für die Gegenmeinung. Keineswegs wird hier die Begebung als ein notwendiges Erfordernis für die Geltung der Annahmeerklärung aufgestellt; vielmehr wird lediglich der Begriff der Annahmeerklärung als solcher etwas anders gefaßt, als in der bisher geltenden Deutschen Wechselordnung. Eine Willenserklärung liegt nur dann vor, wenn der rechtsgeschäftliche Wille sich der Außenwelt gegenüber bekundet hat. Der Entwurf steht, im Einklang mit dem englisch-amerikanischen Wechselrecht,[14]) auf dem Standpunkt, der ja auch dem geltenden deutschen bürgerlichen Recht im übrigen durchaus entspricht, daß bei Verkehrsgeschäften die bloße Niederschrift an sich noch keine solche Erklärung sei.[15]) Vielmehr muß hinzukommen entweder eine Mitteilung der Erklärung an irgendwelche Beteiligte oder ein Ausderhandgeben der schriftlichen Erklärung, wodurch diese jedermann zu Gesicht kommen kann. Das aus der Hand geben ist also nicht Begebung im Sinne der Begebungsvertragstheorie,[16]) nicht Form der rechtsgeschäftlichen Erklärung, sondern lediglich ein rein tat-

---

12) Zeitschr. f. Handelsr. 74 (1913) 70 f.

13) Deutscher Reichsanzeiger Nr. 18 vom 21. Januar 1914, 2. Beilage.

14) Vgl. Felix Meyer, Das Weltwechselrecht I (1909) 217.

15) Vgl. auch schon Brunner bei Endemann II 166. Auf das eigenhändige Testament, das kein Verkehrsgeschäft ist, kann man sich demgegenüber nicht mit Grünhut I 276 Anm. 20 berufen.

16) Vgl. dazu auch Hans Lehmann 58.

sächliches Mittel, die Erklärung dritten Personen erkennbar zu machen. Die im Schreibtisch liegende Unterschrift, die niemandem vor Augen gekommen ist und von der auch kein Beteiligter Kenntnis erlangt hat, soll, wie das auch sonst im bürgerlichen Recht der Fall ist, für die Rechtsordnung nicht in Betracht kommen. Der Standpunkt der einheitlichen Wechselordnung und des deutschen Entwurfs verträgt sich also, wie wir sehen, sehr wohl mit unserer Theorie.[17]) Jacobi[18]) betont zudem mit Recht, daß die einheitliche Wechselordnung nur das Ziel verfolge, die Wechselbeteiligten gegen eine Tilgung des Akzepts durch den Akzeptanten zu sichern, nachdem dieses sich bereits im Umlauf befinde. Dagegen werde den Landesrechten keineswegs untersagt, eine noch frühere Bindung eintreten zu lassen.

III. Das Anweisungsakzept.

1. Als abstrakter Literalvertrag zwischen dem Anweisenden und dem Angewiesenen zugunsten des Anweisungsempfängers.

Die bisher für das Wechselakzept herrschende Meinung ist auch der richtigen Erkenntnis des Anweisungsakzeptes hinderlich gewesen. Was für die Annahme des Wechsels gilt, muß mutatis mutandis auch für die der Anweisung gelten; denn diese ist dem Wechselakzept nachgebildet, zunächst für die kaufmännische Anweisung, und dann, schon unter der Herrschaft des gemeinen Rechtes, auch für das bürgerliche Recht anerkannt worden. Bekanntlich ist früher allgemein die Ansicht herrschend gewesen, daß die Anweisung ein Mandat, und zwar ein Doppelmandat, sei. In neuerer Zeit dagegen pflegt man die Anweisung, wie es auch das Bürgerliche Gesetzbuch getan hat, anzusprechen als eine doppelte Ermächtigung einerseits des Angewiesenen, die Zahlung zu leisten, anderseits des Anweisungsempfängers, die Zahlung entgegenzunehmen. Man hat dabei übersehen, daß beide, der Auftrag und die Ermächtigung, sehr

---

[17]) Keinesfalls dagegen mit der Kreationstheorie; vgl. gegenüber dem etwas gequält anmutenden Versuche Langens, Festschr. 46 ff., diese zu retten, die eingehende Widerlegung bei Jacobi 315 ff.

[18]) 314 f.

wohl nebeneinander bestehen können, enthält doch regelmäßig im Leben ein Auftrag gleichzeitig eine Vollmacht an den Beauftragten zur Vornahme der zur Ausführung des Auftrages erforderlichen Rechtshandlungen. So sollte auch bei der Anweisung: „Zahlen Sie so und soviel Mark an Herrn so und so" nicht zweifelhaft sein, daß in dem ‚zahlen Sie' sowohl eine Ermächtigung wie ein Auftrag an den Angewiesenen gelegen ist. Wenn dann die angewiesene Bank auf der Anweisung vermerkt „angenommen (Firma)", und später doch nicht Zahlung leistet, so hat sie zweifellos auch der übernommenen Auftragspflicht zuwider gehandelt.

Bezeichnenderweise ist es Laband, der Wiederentdecker des Nebeneinanders von Auftrag und Vollmacht, der auch für die Anweisung die Theorie vom Doppelmandat, die seit von Salpius[1]) endgültig aufgegeben zu sein schien, zu neuem Leben zu erwecken versucht hat,[2]) allerdings ohne Nachfolger zu finden. Er sagt: „Die juristische Besonderheit der Anweisung besteht in einer eigenthümlichen Combination von Vollmachten (Ermächtigungen, Legimationen) und Aufträgen. Dem Anweisenden gegenüber sind der Anweisungsempfänger sowie der Angewiesene Beauftragte; untereinander sind sie zur Zahlungserhebung und zum Zahlungsempfang ermächtigt." Dazu komme ferner, daß das Zahlungsmandat in Skripturform mittels Begebung des Anweisungsbriefes erteilt werde, also einer Urkunde, die sich in ihrem Wortlaut an den Angewiesenen wende, aber nicht diesem, sondern dem Anweisungsempfänger eingehändigt werde.

Wenn man gegenüber der Mandatstheorie einzuwenden pflegt, daß durch die Anweisung keine Zahlungspflicht, sondern nur eine Zahlungsbefugnis des Angewiesenen erzeugt werde, so trifft dieser Einwand nicht den Kern der Sache, wofern man nur

---

[1]) B. v. Salpius, Novation und Delegation nach römischem Recht (1864) 48 ff., 70 ff., 469 ff.

[2]) Archiv für die Civilistische Praxis 74 (1889) 331 ff. Übrigens hat Ladenburg, Archiv f. Wechselr. I 35 f., 38, schon im Jahre 1851 für die Anweisung wie für den Wechsel den Standpunkt vertreten, daß der Aussteller dem Bezogenen einen Zahlungsauftrag und gleichzeitig dem Nehmer eine Vollmacht zum Zahlungsempfang erteile. Ebenso ebd. 6 (1858) 347 ff.

mit uns erst in der Annahme der Anweisung durch den Angewiesenen den Abschluß des Vertrages zwischen dem Aussteller und ihm, in der Anweisungserklärung des Ausstellers also nur eine Offerte zu dem abzuschließenden Vertrage erblickt. Dieser ist gerichtet auf Leistung an einen Dritten, den Anweisungsempfänger, der durch die Annahme der Anweisung ein eigenes Recht auf die Leistung erlangt. Dieses Recht ist in dem Wertpapier verbrieft und kann nicht ohne den Brief geltend gemacht werden. Daraus erklärt es sich, daß der Gegenkontrahent des Angewiesenen, der Aussteller der Urkunde, weder auf Leistung an den Dritten klagen noch Ansprüche wegen Nichterfüllung des Vertrages geltend machen kann, wenn der Angewiesene trotz des Akzeptes nicht zahlt. Denn nicht er, sondern nur der Anweisungsempfänger ist durch den Besitz der Anweisung zur Geltendmachung des Rechtes aus dem Vertrage legitimiert.[3])

Diese von Hellwig[4]) vorgeschlagene Konstruktion als Vertrag zugunsten eines Dritten, die wir ja auch für das Wechselakzept als zutreffend erkannt haben, wird also in die Labandsche Begriffsbestimmung des Institutes aufgenommen werden müssen. Außerdem werden wir uns klar machen müssen, daß das, was wir mit Laband als „Auftrag" bezeichnet haben, kein Auftrag im Sinne des Bürgerlichen Gesetzbuches, kein Mandat, und überhaupt kein kausaler, sondern ein abstrakter Vertrag ist. Daß freilich gegenüber dem Anspruch des Anweisungsempfängers aus dem Akzept keinerlei Einwand aus dem zwischen Angewiesenem und Anweisendem bestehenden Grund-Schuldverhältnis geltend gemacht werden kann, folgt, wie beim Wechsel, bereits aus § 334 BGB. Aber auch im übrigen ist die Anweisung, wie schon die Systematik des Bürgerlichen Gesetzbuches zeigt, vom Schuldgrund losgelöst. Sie

[3]) Auch beim Wechsel besteht der Anspruch des Ausstellers gegen den Akzeptanten gemäß WO. Art 23 II immer nur dann, wenn der Trassant als Wechselgläubiger legitimiert ist, sei es als Indossatar oder kraft Einlösung im Regreßwege; Grünhut II 17. Verschieden davon ist der Fall, der auch bei der Anweisung vorkommen kann, daß sich der Aussteller selbst als den in erster Reihe Empfangsberechtigten benannt hat. Hier liegt nur die Form eines Vertrages zugunsten eines Dritten vor.

[4]) Die Verträge auf Leistung an Dritte (1899) 147.

kann zwar auf einem wirklichen, vom Angewiesenen übernommenen Zahlungsauftrage beruhen; aber dieses Internum bleibt für die Anweisung als solche außer Betracht.

Auch die Erklärung des Ausstellers einer Anweisung also hat, wie die des Trassanten, eine doppelte Bedeutung. Einmal ist sie in der Tat, wie die herrschende Lehre annimmt und die Legaldefinition des Bürgerlichen Gesetzbuches ergibt, eine Doppelermächtigung,[5]) für den Empfänger, die Zahlung entgegenzunehmen, und für den Angewiesenen, die Zahlung mit Wirkung gegenüber dem Anweisenden zu leisten. Daß in ihr auch ein Auftrag an den Anweisungsempfänger liege, die Zahlung entgegenzunehmen, möchte ich im Gegensatz zu Laband und im Einklang mit von Tuhr[6]) nicht annehmen, da für den Empfänger keinerlei Verpflichtung, sondern nur eine Befugnis hierzu besteht. Ein Schuldverhältnis zwischen Aussteller und Empfänger wird also durch die Anweisung im Gegensatz zur Tratte nicht begründet. Wohl aber ist die Anweisung wie die Tratte eine in Skripturform abgegebene Offerte des Ausstellers an den Bezogenen zum Abschlusse eines abstrakten Vertrages zugunsten eines Dritten, gerichtet auf eine Summenleistung. Das Akzept ist die Annahme dieser Offerte.[7])

---

[5]) Laband a. a. O. setzt Ermächtigung gleich Vollmacht, und ebenso nimmt Wieland, Der Wechsel 42, 204 ff., Arch. f. d. Civ. Praxis 95, 164 ff. bei Anweisung und Wechsel eine Doppelvollmacht an. Lenel, Iherings Jahrbücher 36 (1896) 113 ff., 125, dem sich Hellwig 100 und F. Lent, Die Anweisung als Vollmacht und im Konkurse (1907) anschließen, sehen nur in dem Empfänger einen Inkassobevollmächtigten des Ausstellers. Gegen die Vollmachtstheorie mit guten Gründen von Tuhr, Iherings Jahrb. 48 (1904) 1 ff., und Breit, Zeitschr. f. Handelsr. 64 (1909) 469 ff., 478 f.; vgl. auch J. Adler, ebd. 164 ff. Anm. 54, und P. Oertmann, Kommentar BGB. Buch II, 3. u. 4. Aufl. (1910), 975, Vorbem. zu § 783. Für Doppelvollmacht neuerdings Jacobi, Zeitschr. f. Handelsr. 69 (1911) 584 ff.

[6]) a. a. O. 28 f.

[7]) Das Versprechen zugunsten des Dritten ist also, im Gegensatz zu dem von Kohler, Lehrb. d. Bürg. Rechts II 1 (1906) 67 IV, Ausgeführten, gerade der Anweisung, nicht dem Leistungsauftrag eigentümlich.

In der modernen Literatur ist dieses aus der Anweisung entstehende Schuldverhältnis zwischen Anweisendem und Angewiesenem über Gebühr in den Hintergrund gedrängt[8]) und schließlich ganz verdrängt worden infolge

[8]) Das erkennt zum Teil auch schon v. Tuhr a. a. O. 18 an, wenn er sagt: „Die ältere Theorie hat die Anweisung als Zahlungsauftrag bezeichnet, gewiß mit Unrecht, denn die Anweisung erzeugt nicht, wie das Mandat, eine Verpflichtung zur Zahlung, es entsteht keine a. mandati directa, wenn der Angewiesene die Anweisung nicht befolgt. Aber die Reaktion, die seit Salpius eingesetzt hat, ist zu weit gegangen, indem sie jede Verwandtschaft zwischen Mandat und Anweisung in Abrede stellte." Dieses auftragsähnliche Verhältnis erblickt v. Tuhr in der Befugnis des Angewiesenen, als Geschäftsführer des Ausstellers für dessen Rechnung zu handeln. Auch er wird jedoch durch die übliche Auffassung des Akzeptes gehindert, anzuerkennen, daß die Anweisung zugleich ein Antrag zu einem auf Übernahme der Verpflichtung zu solcher Geschäftsführung gerichteten Vertrage ist. Nur weil der Antrag vor Erteilung des Akzepts noch nicht angenommen ist, fehlt es an der Verpflichtung. Zahlt anderseits der Angewiesene ohne vorheriges Akzept, so handelt er in Erfüllung des auftragsähnlichen Schuldverhältnisses. Denn die Ausführung des Auftrages schließt die Annahme in sich.

Jene ältere Lehrmeinung, die in der Anweisung wie in der Tratte lediglich einen Zahlungsauftrag erblickte, hatte besonders mit der Schwierigkeit zu kämpfen, daß der zur Zahlung Beauftragte auch, ohne mandatswidrig zu handeln, durch Akzept eine Zahlungsverbindlichkeit eingehen könne. Unger 73ff. nahm daher an, daß in dem Zahlungsauftrag gewohnheitsrechtlich zugleich ein Auftrag ‚ut promittat' liege. Und Goldschmidt, Verm. Schriften I 466, wollte in dem Akzept eine Verstärkung der Rechtswirkung der Auftragsannahme zugunsten des Mandanten erkennen, während er an anderer Stelle (ebd. II 103, Zeitschr. f. Handelsr. 28, 94) der Ungerschen Deutung zustimmte. Diese Schwierigkeit wird bei unserer Konstruktion als Vertragsofferte zugunsten eines Dritten auf Zahlung an diesen, die entweder durch Literalvertrag oder aber unmittelbar durch Leistung an den Dritten angenommen werden kann, vermieden. Allerdings will St. Dniestrzański, Die Aufträge zugunsten Dritter I (1904) 117, 345ff., umgekehrt die Verträge zugunsten Dritter als Unterart des Auftrages fassen, und zwar im Sinne des altrömischen Realmandats als „Auftrag mit reeller Vermögenszuwendung an den Promittenten, der sich dafür verpflichtet, dem Dritten einen Vorteil zuzuwenden" (118, 283f., 348). Dieser Gedanke wird der umfassenden Bedeutung des Instituts der Verträge zugunsten Dritter gewiß nicht gerecht, wenn man auch wird zuder herrschenden Ansichten über die Natur des Anweisungsakzeptes, die auf den Theorien über das Wechselakzept beruhen. Entweder faßt man mit der Kreationstheorie die Annahme als einen einseitigen Akt des Angewiesenen auf,[9]) oder aber man sieht in der Annahme einen Vertrag zwischen dem Angewiesenen und dem Anweisungsempfänger.[10]) Gibt man diese Deutungen für das Wechselakzept auf, so besteht nicht der mindeste Grund, bei der Anweisung den im Recht der Wertpapiere so fruchtbaren Gedanken des Vertrages zugunsten Dritter zu verschmähen. Der Angewiesene wird gegenüber dem Anweisungsempfänger verpflichtet, weil dieser der begünstigte Dritte ist, an den nach dem Vertrage mit dem Anweisenden die Zahlung erfolgen soll. Auch das Anweisungsakzept kommt als Literalvertrag zustande durch das Zusammentreffen der Unterschrift des Angewiesenen mit der des Ausstellers auf der gleichen Urkunde. Damit entsteht das Gläubigerrecht des Empfängers, falls diesem durch die Aushändigung schon die Ermächtigung zum Zahlungsempfang und der skripturrechtliche Ausweis zugegangen war. Andernfalls ist das Recht des begünstigten Dritten von der nachträglichen Erfüllung dieser Voraussetzung abhängig (§ 784 II BGB.).

Die Parallele des gezogenen Wechsels ist übrigens noch in anderer Hinsicht lehrreich. Daß die Tratte eine Anweisung

geben können, daß sie regelmäßig einen auftragsähnlichen Charakter haben werden. Aber darum passen nicht alle Regeln des römischen Mandats für sie, und erst recht kann man sie nicht in den engen Rahmen des Realmandats pressen. Es gibt zahlreiche Verträge zugunsten Dritter, die sich ohne reale Vermögenszuwendung an den Promittenten vollziehen. Auch der Anweisung ist eine solche nicht wesentlich. Dniestrzański 294, 300 f., erkennt sie zwar als Vertrag zugunsten eines Dritten an, wird ihr aber insofern nicht gerecht, als er nur das Verhältnis zwischen dem Anweisenden und dem Anweisungsempfänger ins Auge faßt und als Auftrag deutet.

9) So eigentümlicherweise seinerzeit auch Jacobi, Die Wertpapiere, 1. Aufl. (1901), 296; neuerdings insbesondere Lent 84, auch M. Wiskemann, Die Annahme der Anweisung, Heidelberger Diss. (1910) 22, und G. Rust, Das Anweisungsakzept, Straßburger Diss. (1914) 15, 26 ff.

10) Besonders Wendt 143 ff., neuerdings K. Riehl, Die Anweisung (1908) 39, O. v. Gierke III 873.

ist, wurde von je zumeist anerkannt,[11]) und noch neuerdings hat Otto v. Gierke[12]) betont, daß auf sie grundsätzlich die für die Anweisung geltenden Regeln des bürgerlichen Rechts ergänzende Anwendung finden müssen.[13]) Nur darin erblickt er einen Gegensatz des Wechselrechts zum bürgerlichen Recht, daß bei der Tratte die Anweisung nicht bloß Ermächtigungsgeschäft, sondern abstrakter Schuldvertrag sei, da sie notwendig ein wertpapiermäßig verkörpertes Versprechen des Anweisenden in sich schließe. In der Tat ist ja, wie gesehen, bei der Anweisung des bürgerlichen Rechts von einer Verpflichtungserklärung des Anweisenden gegenüber dem Empfänger, die der des Ausstellers gegenüber dem Remittenten entspräche, in keiner Weise die Rede;[14]) aber wir sind danach doch berechtigt, das Wechselrecht heranzuziehen zum Belege dafür, daß an sich nach Anweisungsrecht sehr wohl eine Vereinigung des Ermächtigungsgeschäftes mit

---

[11]) Ladenburg, Archiv f. Wechselr. 1 (1851) 35, 6 (1858) 347 ff., 353, Biener 441 f., ferner Wendt 107 f., die von Adler, Zeitschr. f. Handelsr. 64, 174 Anm. 63, Genannten (ebendort auch die Gegner) und dieser selbst 176 ff., sowie Goldschmidt, Verm. Schriften I 465, 473, Brütt 220, Langen, Zum Scheckrecht 11, 63. Doch rechnet Adler zu Unrecht Wieland, Wechsel 35 ff., zu den Gegnern der Anweisungstheorie; dieser betont nur, daß der Begriff der Anweisung, wie er ihn auffaßt, sich nicht mit einem abstrakten Summenversprechen verträgt; vgl. 196 ff. Eben darum aber leugnet Wieland die abstrakte Natur des Wechsels (94 ff.).

[12]) Dtsch. Privatrecht III (1917) 875; anders K. Lehmann 610.

[13]) Eine ganz andere Frage ist es, ob ein präjudizierter oder verjährter Wechsel noch als Anweisung Geltung haben könne, was vom Reichsgericht, 48 (1901) 230, mit Recht verneint wird. Wohl aber könne ein formungültiger Wechsel durch Konversion als Anweisung aufrecht erhalten werden. Beide Geschäfte gehören dem gleichen Grundtypus an; aber der Wechsel als solcher ist ein Rechtsgeschäft für sich, eine sonderrechtlich geregelte Anweisung. Soweit das Sonderrecht gilt, scheiden die entgegenstehenden allgemeinen Rechtsgrundsätze aus. Vgl. auch Langen, Scheckrecht 74 f.

[14]) Gerade weil das nicht der Fall ist, ist die Offerte des Anweisungsausstellers an den Bezogenen, im Gegensatz zu der des Trassanten, der durch den Wechselbegebungsvertrag gebunden ist, frei widerruflich (§ 790).

dem abstrakten Schuldvertrage in derselben Erklärung möglich ist.[15])

Anderseits gilt für alle sonstigen Konstruktionsversuche der Verpflichtung aus dem Anweisungsakzept das gleiche, was oben für das Wechselakzept ausgeführt wurde. Daß die Anweisung ein Wertpapier ist, kann nach den Bestimmungen unseres Bürgerlichen Gesetzbuches nicht zweifelhaft sein, da das verbriefte Recht nur in Gestalt des Papiers zustande kommt und nur mittels des Papiers übertragen und geltend gemacht werden kann. Die Anhänger der Vertragstheorie pflegen demnach auch hier einen Begebungsvertrag zwischen dem Angewiesenen und dem Anweisungsempfänger anzunehmen. Gegen diese Auffassung sprechen die gleichen Bedenken wie beim Wechselakzept. Denn die Annahme erfolgt nach § 784 II BGB. lediglich durch schriftlichen Vermerk auf der Anweisung.[16]) Der Vorleger der Anweisung braucht weder der Anweisungsempfänger selbst noch sein Vertreter zu sein. Er kann auch Bote oder selbst ein Unberufener sein. Eine wirkliche Begebung braucht nicht zu erfolgen, und erst recht kann von dem Erfordernis eines rechtsgeschäftlichen Begebungsvertrages nicht die Rede sein. Der Annehmende verpflichtet sich zugunsten dessen, der aus der Anweisung legitimiert ist, ohne Rücksicht darauf, in welchem Verhältnis der Vorleger zu diesem steht und ohne Rücksicht auf den wirklichen Willen des Vorlegenden.

---

[15]) Wieland 43 will nur die abstrakte Natur der mit der Anweisung verbundenen Regreßverbindlichkeit bestreiten. Darüber aber, daß überhaupt häufig schuldrechtliche Elemente in der Ermächtigung hervortreten, die auch von den Gegnern der Mandatstheorie anerkannt würden, insbesondere Diligenzpflichten des Ermächtigten, vgl. seine Ausführungen im Arch. f. d. Civ. Praxis 95 (1904) 211 ff.

[16]) So sah sich denn Jacobi, Wertpapiere, 1. Aufl., 296, genötigt, beim Anweisungsakzept im Gegensatz zu der sonst von ihm vertretenen Theorie eine einseitige Willenserklärung anzunehmen. Ebenso hat er für die Erklärung des Ausstellers einer Anweisung die von Langen, Kreationstheorie 108 ff., Scheckrecht 68 ff., begründete Auffassung als einseitige empfangsbedürftige Willenserklärung ausdrücklich gebilligt; Juristisches Literaturblatt 18 (1906) 161, Zeitschr. f. Handelsr. 63, 94.

2. Das Akzept der Order- und der Inhaberanweisung.

Die Richtigkeit der bisher gewonnenen Ergebnisse tritt noch deutlicher als bei der Rektaanweisung des Bürgerlichen Gesetzbuches bei der kaufmännischen Orderanweisung und bei der neuerdings mehr in Gebrauch gekommenen Inhaberanweisung[1]) hervor. Diese pflegt im Bankverkehr in folgenden Formen zu erscheinen:

An die Breslauer Diskontobank.

Zahlen Sie an Herrn . . . . oder Überbringer zu meinen Lasten *M* . . . ., in Worten *M* . . . .

Breslau, den . . . 191 . . (Unterschrift.)

Oder:

Bank für Thüringen vormals B. M. Strupp Aktiengesellschaft, Filiale Jena in Jena,

wolle bei sich gegen diese Platzanweisung aus meinem Guthaben zahlen an . . . . oder Überbringer *M* . . . .

Jena, (Unterschrift.)

Daß solche Anweisungen zulässig sind, ist bei der herrschenden Vertragsfreiheit nicht zu bezweifeln, da das Gesetz keinerlei Verbot von Inhaberanweisungen erlassen hat.[2]) Daß auch auf solche Anweisungen die Vorschriften des Bürgerlichen Gesetzbuches über die Anweisung Anwendung finden müssen, ist daraus zu folgern, daß das Gesetz lediglich eine Urkunde voraussetzt, in der der Aussteller einen anderen anweist, Geld, Wertpapiere oder andere vertretbare Sachen an einen Dritten zu leisten, ohne das Erfordernis aufzustellen, daß der Dritte namentlich oder sonst individuell bezeichnet sein müßte. Die Anweisung könnte demnach auch unmittelbar auf den Inhaber gestellt sein, während die angeführten, aus dem Bankverkehr entnommenen Beispiele die alternative Inhaberklausel bevorzugt haben. Bei einer solchen reinen Inhaberanweisung nun

---

[1]) Die Inhaberanweisung wird erwähnt schon durch Brunner bei Endemann II 204. Zum erstenmal gesetzlich geregelt wurde sie im Schweizerischen Obligationenrecht Art. 413 (Neue Fassung Art. 471).

[2]) Langen, Scheckr. 77, Jacobi bei Ehrenberg IV 1, 483 Anm. 36. Immerhin wird die Gegenmeinung vertreten; darüber Jacobi ebd.

scheidet die Person des Anweisungs e m p f ä n g e r s völlig aus. Der Angewiesene verpflichtet sich nicht zu d e s s e n Gunsten, sondern zugunsten einer noch u n b e s t i m m t e n, lediglich durch die Schicksale der Urkunde bestimmbaren Person, des jeweiligen Inhabers oder Eigentümers der Urkunde.

Allerdings findet sich in der Literatur, so auch bei O t t o v. G i e r k e,[3]) die Ansicht, daß das A k z e p t einer solchen Inhaberanweisung auf einen bestimmten Geldbetrag s t a a t l i c h e r G e n e h m i g u n g gemäß § 795 BGB. bedürfe. Doch halte ich diese Meinung nicht für richtig. Das Anweisungsakzept ist k e i n e S c h u l d v e r s c h r e i b u n g a u f d e n I n h a b e r,[4]) sie ist es ebensowenig, wie das Akzept der T r a t t e ein e i g e n e r W e c h s e l ist. Verbotsgesetze sind im allgemeinen nicht extensiv auszulegen.[5]) Daß auch der Gesetzgeber diesen Standpunkt einnimmt, erhellt daraus, daß man für den S c h e c k ein besonderes V e r b o t d e s A k z e p t e s ausgesprochen hat (Scheckges. § 10). Daß durch das Akzept im wesentlichen der gleiche w i r t s c h a f t l i c h e Erfolg erreicht wird wie durch die Inhaberschuldverschreibung, ist kein Grund, eine verbotene Gesetzesumgehung anzunehmen, durch die das Akzept nichtig werde. Hat der Verkehr doch auch a n d e r e Möglichkeiten gefunden, den gleichen Erfolg zu erzielen. So ist bekannt, daß vielfach an Stelle von Inhaberobligationen solche a n O r d e r m i t B l a n k o i n d o s s a m e n t ausgegeben zu werden pflegen, für die gleichfalls eine staatliche Genehmigung nicht vorgeschrieben ist. Der Gesetzgeber hat bei Erlaß des Verbotes die verschiedenen rechtlichen Möglichkeiten, die sich dem Verkehre bieten, nicht genügend in Betracht gezogen. Das ist ein Fehler, der nur durch eine Änderung oder Verbesserung des Gesetzes getilgt werden kann.

---

[3]) a. a. O. 879 Anm. 96; zweifelnd dagegen früher, Entwurf 229. Für Genehmigungspflicht L a n g e n a. a. O.

[4]) Anderer Meinung jedoch J a c o b i a. a. O., allerdings nicht mit Bezug auf § 795.

[5]) In unserm Falle kommt hinzu, daß das Verbot besonders deshalb erlassen wurde, weil sich die Inhaberschuldverschreibung vor allem zu M a s s e n e m i s s i o n e n eignet und solche besonders gefährlich sind; J a c o b i 481. Inhaberanweisungen aber dürften kaum je in Massen ausgegeben werden.

Auch insofern ist die Bestimmung des § 795 bekanntlich mangelhaft, als lediglich das in Verkehr bringen im Inlande ausgestellter Inhaberobligationen untersagt wird.[6]) Die österreichische Filiale einer deutschen Bank kann also Schuldverschreibungen auf den Inhaber ausstellen, die dann ohne Genehmigung der zuständigen deutschen Staatsbehörden im Inlande in Verkehr gebracht werden dürfen. Das ist gewiß eine unerfreuliche Folge der Fassung des Gesetzes, die die Urheber der Entwürfe des Bürgerlichen Gesetzbuches unter dem Einflusse der Kreationstheorie gewählt haben, aber eine Folge, die man wohl mit in Kauf nehmen muß. Gerade dieser Wortlaut des Verbotsgesetzes spricht übrigens wohl am meisten gegen die Möglichkeit analoger Anwendung des § 795 auf Akzepte von Inhaberanweisungen. Denn die Anweisung befindet sich ja regelmäßig bereits im Verkehr, wenn sie dem Angewiesenen vorgelegt wird. Will man also, was ich an sich auch nicht für zulässig halte, den Annehmenden auf eine Stufe mit dem Aussteller des Inhaberpapiers stellen, so ist er es doch nicht, der das Papier in Verkehr bringt. Folglich kann die Akzepterklärung infolge dieses Verbotes auch nicht der Nichtigkeit verfallen. Davon aber, daß durch die Annahme eine vollständig neue Urkunde entstehe, die mit der alten Anweisung gar nichts zu tun habe, kann füglich keine Rede sein. Denn die Gültigkeit des Akzepts ist durchaus abhängig von der Wahrung der Skripturform der bereits vorliegenden, nunmehr akzeptierten Anweisung.[7])

3. Das Zustandekommen der Akzeptverpflichtung kraft Rechtsscheins.

Anderseits betont Breit[1]) mit Recht, daß eine gültige Ausstellererklärung nicht vorzuliegen brauche; vielmehr genüge es, „daß der Schein einer Anweisung durch den Text der Urkunde erzeugt wird". In diesem Falle, z. B. bei der Annahme einer nicht ernstlich gemeinten, etwa zu Lehrzwecken ausgestellten Anweisung oder der eines geschäftsunfähigen Ausstellers, haftet der Annehmende auf Grund des in Gestalt der Skripturform bestehenden Rechtsscheins eines gültigen Akzeptvertrages.

---

[6]) Vgl. dazu Jacobi 485 f.

[7]) Lent 87, Breit, Blätter für Rechtsanwendung 77 (1912) 383.

[1]) Ebd. und 423.

Eine Anweisung dagegen, der es an der Skripturform fehlt, kann nicht wirksam akzeptiert werden.[2])

So hat auch hier wieder, wie beim Wechsel, die Rechtsscheintheorie in den Fällen, in denen es an einem gültigen Vertrage zugunsten des Anweisungsgläubigers fehlt, in die Vertragstheorie ergänzend einzugreifen. Hellwig, der, wie früher gesehen, die Annahme der Anweisung gleich uns als Vertrag zugunsten eines Dritten konstruiert hat, aber ohne diese notwendige Ergänzung, geriet daher hinsichtlich der Begründung der Ausnahmefälle in Verlegenheit. Er nahm an,[3]) daß der Anweisungsempfänger, der sich das Akzept hole, dadurch für seine Person zugleich ein abstraktes Versprechen des Angewiesenen entgegennehme, das gemäß § 784 BGB. Einwendungen aus der Person des Anweisenden ausschließe. Damit ist die Konstruktion im Grunde schon aufgegeben, ohne daß die Gültigkeit des Akzepts etwa für den Fall erklärt würde, daß der geschäftsunfähige Aussteller selbst das Akzept sich hat geben lassen. Auch für die Inhaberanweisung ist dadurch nichts gewonnen. Für solche Fälle sucht Hellwig[4]) durch den wenig befriedigenden Ausweg zu helfen, aus der Formulierung des § 784 gehe hervor, daß das Gesetz dem Anweisungsgläubiger stets die gleiche Rechtsstellung geben wolle, möge ihm gegenüber die Annahme geschehen sein, oder möge sein Recht aus einem Vertrage auf Leistung an Dritte entstehen.

Wie sehr demgegenüber gerade die hier vertretene Konstruktion geeignet ist, in den Fällen einer mangelhaften materiellen Anweisungsgrundlage für das Akzept befriedigende Entscheidungen zu ermöglichen, die weder der Vertragstheorie noch der Kreationstheorie möglich sind, zeigt die Frage, wie es mit einem etwaigen Bereicherungsanspruch des Angewiesenen steht, wenn er auf Grund einer gefälschten oder sonst ungültigen Anweisung akzeptiert und gezahlt hat. Zumeist wird ein solcher Anspruch schon für den Fall der Zahlung einer nicht vorher angenommenen Anweisung verneint, durchaus folgerichtig, wenn man den schuldrechtlichen Zusammen-

---

[2]) Breit 519.

[3]) 147.

[4]) 274 f.

hang zwischen der Zahlungsaufforderung des Ausstellers und der Leistung des Angewiesenen leugnet und in der Anweisung nur eine Ermächtigung erblickt, die Zahlung in eigenem Namen zu bewirken. Dennoch aber ist in unserer Kommentarliteratur das Bedürfnis erkannt worden, dem Angewiesenen, der auf Grund der gefälschten Anweisung gezahlt hat und der bei solcher Sachlage natürlich keinen Rückgriff gegen den Anweisenden nehmen kann, einen Anspruch auf die Bereicherung gegen den Empfänger zu geben, auch soweit dieser gutgläubig war. Planck[5]) will daher ohne nähere Begründung, aber in offenbarem Gegensatz zu der auch von ihm vertretenen herrschenden Meinung, in der Anweisung auch im Verhältnis zwischen dem Angewiesenen und dem Anweisungsempfänger die causa erblicken, auf Grund deren die Leistung erfolgte, so daß damit die Rückforderbarkeit im Falle der gefälschten Anweisung gegeben wäre. Oertmann[6]) meint zwar, und vom Standpunkt der herrschenden Lehre aus gesehen, durchaus mit Recht, dieser Anspruch sei „nicht ganz zweifellos und schwierig zu begründen", glaubt aber, daß er mit Planck „als zur Vermeidung anstößiger Ergebnisse unbedingt erforderlich anzuerkennen" sei. Rechtfertigen könne man ihn wohl damit, daß der rechtliche Zweck, der mit der Leistung erreicht werden sollte, ausgeblieben sei: „Der Angewiesene wollte leisten in der Weise, daß die Leistung in sein Kausalverhältnis zum Anweisenden einschlagen sollte. Dieser Zweck ist bei gefälschter oder von einem Dispositionsunfähigen vorgenommener Anweisung nicht erreicht, der Zahlende ist also benachteiligt, und zwar zugunsten des Empfängers, der auf den Vorteil keinen Anspruch hatte und andererseits auch nicht in einem Akt durch den Empfang einen Rechtsverlust erlitt: denn die Leistung auf Grund einer ungültigen Anweisung bewirkt keinen Einschlag in das etwaige Verhältnis zwischen dem Anweisenden und dem Empfänger." Meines Erachtens ist es aber auch in dieser Form nicht zulässig, die Zahlung auf Grund der abstrakten Anweisung als von der causa des Deckungsverhältnisses abhängig zu betrachten. Vielmehr muß man in der Anweisung selbst den Rechtsgrund erkennen; und das ist

[5]) BGB. II, 3. Aufl. (1907) 869 zu § 783 unter 4.

[6]) 979 zu § 783 unter 4.

nur möglich, wenn man mit uns in der Erklärung des Anweisenden einen Vertragsantrag auf Leistung an einen Dritten erblickt. So hat denn auch neuerdings ein Praktiker, Oertelt,[7]) die Konstruktion der Anweisung als eines Vertrages zwischen dem Anweisenden und dem Anweisungsempfänger vorgeschlagen, um „Einwendungen gegen das Anweisungsakzept wegen Ungültigkeit der Anweisung" zu ermöglichen; allerdings kommt er, da ihm wohl die gemeinrechtliche Streitfrage nicht gegenwärtig war, auf die alte Auffassung der Anweisung als eines Auftrages zurück. Doch erkennt auch er an, daß das gleiche Ergebnis erreichbar ist, wenn man die Anweisung als einen abstrakten Vertrag zugunsten eines Dritten konstruiert.[8])

Übrigens scheidet Oertelt auch nicht zwischen dem Falle, daß der Angewiesene den Antrag unmittelbar durch die Bewirkung der Leistung an den Dritten annimmt, und dem anderen, der uns hier in erster Linie beschäftigt, daß er in skripturmäßiger Form durch Akzept die Leistungspflicht gegenüber dem Dritten übernimmt. Sicher wird man mit ihm im ersten Falle zu dem Ergebnis gelangen müssen, daß bei jeder Unwirksamkeit des Anweisungsgeschäftes, sei es nun wegen mangelnder Geschäftsfähigkeit des Ausstellers oder infolge Anfechtung seiner Erklärung wegen Irrtums oder Betruges, sei es, weil, wie im Falle der Fälschung, diese Erklärung völlig fehlte, der Anweisungszahler das Geleistete zurückfordern kann.[9]) Kann man aber mit ihm auch so weit gehen, dem Zahlenden den gleichen Anspruch in allen diesen Fällen zu gewähren, wenn er auf Grund seines Akzeptes geleistet hat, beziehungsweise kann der Akzeptant dann stets auch vor der Zahlung dem Anweisungsempfänger den Einwand des mangelnden Akzeptvertrages entgegenhalten? Das erscheint bedenklich, wenn man mit uns der Annahme der Anweisung, als skripturmäßiger Erklärung, eine Rechtsscheinwirkung beimißt. Diese muß, wie beim Wechselakzept, dahin führen, daß der Einwand des mangelnden Akzeptvertrages gegenüber dem gutgläubigen Akzeptgläubiger nicht oder nur beschränkt zugelassen

---

7) Monatsschrift für Handelsrecht und Bankwesen 21 (1912) 277 ff.

8) 285.

9) 284 f.

wird.[10]) Hatte der Anweisungsempfänger Kenntnis von der mangelnden Geschäftsfähigkeit oder dem mangelnden rechtsgeschäftlichen Erklärungswillen des Ausstellers, so wird er sich auch auf das Akzept nicht stützen dürfen; denn es ist kein Akzeptvertrag zustande gekommen, und der Rechtsschein der Erklärung konnte zu seinen Gunsten nicht wirken. Gegen ihn persönlich ist der Einwand des bösen Glaubens gegeben, der nach den Regeln der Rektaanweisung auch seinen Rechtsnachfolgern gegenüber geltend gemacht werden kann. Dabei macht es keinen Unterschied, ob die Anweisung gegenüber dem Anweisungsempfänger selbst oder erst gegenüber einem späteren Erwerber der Anweisung angenommen wird, da dieser alsdann als Nachfolger in das anwartschaftliche Recht des Empfängers zu betrachten ist und dessen Mängel gegen sich gelten lassen muß[11]) (§§ 784 a. E., 792 I u. III Schlußsatz).

Hatte anderseits der Anweisungsempfänger keine Kenntnis von dem Mangel, so ist ihm gegenüber kein persönlicher Einwand gegeben. Die Annahme ist ihm gegenüber kraft Rechtsscheins wirksam geworden, obwohl sie ausnahmsweise nicht auf einem gültigen Akzeptationsvertrage beruhte. Demnach ist also auch nicht ein Einwand gegeben, der „die Gültigkeit der Annahme" betrifft (§ 784). Daß die Bestimmung des Gesetzes in diesem Sinne gedeutet werden muß, daß also Einwendungen aus der Gültigkeit der Ausstellung nicht als absolut wirkende Einwendungen anzusehen sind, zeigt deutlich die Gegenüberstellung der zweiten Art der absoluten Einwendungen, der Einreden aus dem Inhalt, die in solche aus dem „Inhalte der Anweisung"

[10]) Breit a. a. O. geht m. E. zu weit, wenn er den Schein ohne Rücksicht auf den guten Glauben wirksam werden läßt; doch hängt das mit seiner Grundauffassung zusammen, daß die Annahme nur eine zur Anweisung „von außen" hinzutretende, nicht aus dem Begriffe der Anweisung folgende rechtliche Möglichkeit sei (382). In der Tat kann weder für die Anhänger der Theorie vom einseitigen Skripturakt, noch für die Vertreter der Theorie des Begebungsvertrages zwischen Angewiesenem und Anweisungsempfänger die Ausstellungserklärung ernstlich als Vertrauensgrundlage in Betracht kommen.

[11]) § 792 II Satz 1 findet keine Anwendung, da es sich um einen dem Vormann gegenüber wirksamen Mangel des Akzeptvertrages, nicht um ein zwischen dem Empfänger und dem Angewiesenen bestehendes Rechtsverhältnis handelt.

und solche aus dem „Inhalte der Annahme" geschieden werden, während von Einwendungen aus der Gültigkeit der Ausstellung nicht die Rede ist. Ein Mangel im Willen oder in der Dispositionsfähigkeit des Akzeptanten wirkt also gegenüber einem gutgläubigen Anweisungsempfänger und seinen Rechtsnachfolgern, nicht aber ein solcher in der Person des Ausstellers.

Voraussetzung der Rechtsscheinwirkung aber ist das Vorhandensein einer Ausstellererklärung, wenn diese auch nicht rechtsgültig zu sein braucht. Denn als Vertrag setzt sich das Anweisungsakzept aus den Erklärungen von Aussteller und Annehmer zusammen. Beide zusammen bilden also auch die Vertrauensgrundlage. Diese fehlt demnach im Falle der gefälschten Anweisung. Wird die Fälschung der Unterschrift des Ausstellers dargetan, so ergibt sich schon aus der Urkunde, daß eine gültige Annahme nicht erfolgen konnte, da kein Vertragsantrag vorlag. Und ferner kann auch kraft Rechtsscheins eine Bindung an einen Vertragsinhalt Dritten gegenüber für jeden von beiden Teilen grundsätzlich nur dann eintreten, wenn beide durch ihre Erklärung den Vertragsschein veranlaßt haben.[12]) Eine Ausnahme macht hier der Wechsel, bei dem kraft der positiven Bestimmungen des Gesetzes (Art. 75, 76 WO.) die einzelne Unterschrift als Vertrauensgrundlage genügt. Diese Vorschriften beruhen, wie oben 78 ff. gesehen, auf der selbständigen Bedeutung, die einzelne Wechselakte, abgesehen von ihrer Eigenschaft als Vertragsofferte, anderen Wechselbeteiligten gegenüber haben. Eine gleiche Regel fehlt für die Anweisung und darf auch im Wege der Analogie

---

[12]) Deshalb ist wohl auch die durch absolute Gewalt erpreßte Ausstellererklärung gleich der gefälschten nicht als Grundlage des Rechtsscheins anzuerkennen. Anders Breit 383, 423, der für die Anweisung wie für den Wechsel das bloße Vorhandensein irgendeiner Unterschrift als genügend ansieht. Daß das unrichtig ist, zeigt der von ihm erwähnte Fall der Unterzeichnung durch einen Vertreter ohne Vertretungsmacht. Daß auch dessen Unterschrift als eine solche des angeblich vertretenen Ausstellers wirken soll, ist um so weniger anzunehmen, als sie nach Wechselrecht dem Vertreter und nicht dem Vertretenen zugerechnet wird (Art. 95 WO.). Vgl. zu der letzten Frage auch Langen, Scheckrecht 134 f.

nicht herübergenommen werden.[13]) Die Tatsache, daß das Anweisungsakzept ein Versprechen zugunsten eines Dritten ist, würde natürlich in keiner Weise hinreichen, diese analoge Anwendung zu rechtfertigen.[14]) Für die gefälschte Anweisung und die ihr gleichstehenden Fälle, aber auch nur für diese, können wir uns demnach der Ansicht Oertelts anschließen und gelangen damit zu einem sachlich durchaus gerechtfertigten Kompromiß zwischen seiner zuweit gehenden Berücksichtigung der Mängel des Ausstellungsaktes und der gerade im Falle der Fälschung unerträglichen Härte der herrschenden Meinung.

Für die kaufmännische Orderanweisung nun wird unser Ergebnis insofern einer Berichtigung bedürfen, als bei ihr für die Übertragung nicht die Vorschriften des Gesetzes über die Abtretung der Rektaanweisung, sondern gemäß § 365 HGB. die Regeln der Wechselordnung über das Indossament gelten. Nach § 364 hat das Indossament skripturrechtliche Wirkung. Dem Indossatar oder dem Inhaber der in bianco indossierten Urkunde „kann der Schuldner nur solche Einwendungen entgegensetzen, welche die Gültigkeit seiner Erklärung in der Urkunde betreffen oder sich aus dem Inhalte der Urkunde ergeben oder ihm unmittelbar gegen den Besitzer zustehen". Für die absoluten Einwendungen wird danach nichts anderes anzunehmen sein, als bei der Rektaanweisung. Die Einwendungen, welche die Gültigkeit der Erklärung des Schuldners betreffen, sind offenbar für die Anweisung identisch mit den Einwendungen, welche die Gültigkeit der Annahme betreffen, in der Fassung des § 784 BGB. Daß dazu auch der Einwand der Fälschung der Anweisung gehört, zeigt das Fehlen eines Hinweises auf die entsprechende Anwendung von Art. 75 WO. in § 365 HGB. Der Einwand mangelnder Geschäftsfähigkeit oder mangelnden Vertragswillens beim Aussteller sind also auch nach

[13]) Das verbietet sich um so mehr, als für den Scheck seit der reichsrechtlichen Einführung der Regreßpflicht auch der wechselrechtliche Grundsatz von der formal selbständigen Bedeutung der einzelnen Unterschriften ausdrücklich herübergenommen wurde (Scheckges. § 23).

[14]) Denn gerade die Einwendungen aus dem Vertrage, also auch aus der Ungültigkeit des Vertrages, stehen nach § 334 ja dem Versprechenden gegen den Dritten zu.

Handelsrecht persönliche Einwendungen. Demgemäß kommen sie, auch wenn sie gegen den Anweisungs*empfänger* gegeben waren, gegen einen *Indossatar* oder *Blankoinhaber* nur dann zur Anwendung, wenn ihnen *böser Glaube* beim Erwerbe nachgewiesen werden kann, ein wesentlicher Unterschied gegenüber der Rektaanweisung des Bürgerlichen Gesetzbuches.

Wie steht es endlich mit der *Inhaberanweisung*? Nun, auch wenn man mit uns ihre Unterstellung unter die Regeln der Schuldverschreibung auf den Inhaber ablehnt, wird man sie doch für ein *Inhaberpapier* gelten lassen müssen, und zwar ein solches mit *skriptur*rechtlicher Wirkung, kommt doch diese nach § 784 schon der Rektaanweisung zu. Da Inhaberpapiere nicht durch Abtretung, sondern nach den Regeln des Sachenrechts durch *Übergabe und Einigung* übertragen werden (vgl. BGB. § 935) und die beim Vormann etwa vorhandenen *Mängel* des mit dem Eigentum zusammenfallenden Gläubigerrechts in der Person des *gutgläubigen Erwerbers geheilt* werden, so ergibt sich, daß hinsichtlich der persönlichen Einreden das *gleiche* gelten muß, wie für die *Order*anweisung. Der Einwand mangelnder Verfügungsfähigkeit oder mangelnden rechtsgeschäftlichen Willens des Anweisenden ist also gegenüber einem *gutgläubigen* Inhaber unstatthaft. Wohl aber muß er durchgreifen, wenn der Inhaber die akzeptierte Anweisung in Kenntnis des Mangels erwarb. Und ferner steht, wie bei den beiden andern Arten der Anweisung *jedem*, auch dem gutgläubigen Inhaber der Einwand entgegen, daß die Erklärung des Ausstellers der Anweisung *gefälscht* sei.

Weiter ist in allen diesen Fällen, wo der Einwand zulässig ist, dem Angewiesenen, der *ohne Akzept gezahlt* hat, wie bei der Rektaanweisung ein *Bereicherungs*anspruch gegen den Zahlungsempfänger zuzuerkennen. Der *rechtsgeschäftliche Zusammenhang* zwischen der *Ausstellungs*handlung des Anweisenden einerseits und der *Zahlung* und *Annahme* der Anweisung anderseits, die sich als Antrag und Antragsannahme gegenüberstehen, ist auch für die *Inhaber*anweisung unentbehrlich. Jene Versuche, Ausstellung und *Akzept* der Inhaberanweisung völlig voneinander zu trennen und dieses als Schaffung einer *neuen*, von der Anweisung ver-

8*

schiedenen Urkunde, einer genehmigungsbedürftigen Inhaberschuldverschreibung aufzufassen, sind nicht zu billigen. Das Akzept ist in der Tat von der Wahrung der Skripturform der Anweisung auch materiell abhängig. Die Vorschriften des Bürgerlichen Gesetzbuches bieten auch nicht den mindesten Anhalt für eine solche Spaltung des Anweisungsinstitutes in zwei verschiedene, rechtlich selbständige Teile. Sie würde angesichts der Zugehörigkeit beider Unterschriften zum Originaltext derselben Urkunde sinnwidrig bleiben.

Die bisher von der Theorie über Gebühr vernachlässigte Inhaberanweisung ist also wohl geeignet, den hier gemachten Konstruktionsversuch zu stützen, der auf der Vereinigung einer alten, von der neueren Forschung aufgegebenen Anweisungstheorie mit der modernen Rechtsscheintheorie beruht.

Register.

Die Zahlen bezeichnen Seiten, die Exponenten Anmerkungen.

a) Quellen.

b) Autoren.

c) Rechtsprechung.

d) Sachregister.

Druck der Breslauer Genossenschafts-Buchdruckerei, E. G. m. b. H.

MIX
Papier | Fördert gute Waldnutzung
FSC® C083411

Kolibri 360 GmbH
Ferdinand-Jühlke-Straße 7
99095 Erfurt, Deutschland
produktsicherheit@kolibri360.de